Afsaneh Teymouri Khani

Estudo da citação formal e informal no motor de busca Google

Afsaneh Teymouri Khani

Estudo da citação formal e informal no motor de busca Google

ScienciaScripts

Imprint

Any brand names and product names mentioned in this book are subject to trademark, brand or patent protection and are trademarks or registered trademarks of their respective holders. The use of brand names, product names, common names, trade names, product descriptions etc. even without a particular marking in this work is in no way to be construed to mean that such names may be regarded as unrestricted in respect of trademark and brand protection legislation and could thus be used by anyone.

Cover image: www.ingimage.com

This book is a translation from the original published under ISBN 978-3-659-56054-5.

Publisher:
Sciencia Scripts
is a trademark of
Dodo Books Indian Ocean Ltd. and OmniScriptum S.R.L publishing group

120 High Road, East Finchley, London, N2 9ED, United Kingdom
Str. Armeneasca 28/1, office 1, Chisinau MD-2012, Republic of Moldova, Europe
Printed at: see last page
ISBN: 978-620-7-49219-0

Resumo:

As citações informais são informações bibliográficas (título ou endereço na Internet), citando fontes de recursos de informação para comunicação académica informal e sempre negligenciadas nas bases de dados de citações tradicionais. Este estudo é realizado com o objetivo de responder à questão de saber se as citações informais no ambiente Web são rastreáveis. A presente investigação tem por objetivo determinar que proporção das citações na Web do motor de busca Google está relacionada com citações formais e informais. O estudo incide sobre 1344 artigos de investigação de 98 revistas de acesso livre, e o método utilizado para extrair as citações da Web do motor de busca Google é a "extração de citações da Web/URL".

Os resultados mostraram que 10% das citações na Web do motor de busca Google são citações formais e informais. A percentagem mais elevada de citações formais no motor de busca Google, com 19,27%, pertence à disciplina de biblioteconomia e ciências da informação e a percentagem mais baixa de citações formais, com 1,54%, pertence à disciplina de engenharia urbana. A percentagem mais elevada de citações informais, com 3,57%, é dedicada à sociologia e a percentagem mais baixa de citações informais, com 0,39%, é dedicada à disciplina de engenharia urbana. Devido às citações formais e informais no motor de busca Google, que é de cerca de 10%, e à redução deste valor em comparação com investigações anteriores, parece que o rastreio das citações por este motor deve ser tratado com mais cautela. Verificamos que a quantidade de citações formais é variável nas diferentes disciplinas. As revistas citadas na disciplina de cirurgia são as mais elevadas e na disciplina de filosofia são as mais baixas. Isto indica que na disciplina de filosofia, que é um subconjunto das ciências sociais, as revistas de comunicação científica não desempenham um papel significativo. Por outro lado, o livro tem um papel fundamental nesta disciplina, talvez porque a data dos recursos não seja importante nesta disciplina.

Palavras-chave: Motor de Busca Google; Citação Informal; Citação Formal; Revista de Acesso Aberto; Citação na Web

Conteúdo

CAPÍTULO 1

Panorama da investigação

1-1. Introdução

Qualquer atividade científica requer o conhecimento de actividades anteriores relacionadas. Algumas das tarefas que o investigador deve tentar realizar incluem o aprofundamento de trabalhos relacionados e a utilização de ideias dinâmicas, bem como a sua relação com o seu território intelectual, para conseguir uma análise melhor e mais precisa de vários aspectos do mesmo e, consequentemente, uma reflexão mais rica e profunda sobre o seu património intelectual. Os trabalhos futuros basear-se-ão no que foi feito no passado, e os trabalhos passados serão completados ou, pelo menos, aperfeiçoados com a ajuda de novas tarefas. Por outras palavras, as raízes teóricas de cada novo estudo são reforçadas no território dos estudos anteriores relevantes (Davarpanah, 2005, p. 87).

Ziman considera que não existe um trabalho científico isolado, mas sim textos relacionados com esse tema que foram utilizados para o escrever (Asareh, 1998, p. 34). Ninguém pode, de forma independente e sem o conhecimento gerado por outros, tentar gerar novos conhecimentos, pelo que podemos dizer que "Utilizar os trabalhos de outros para produzir novos trabalhos tem uma história tão antiga como a ciência, e a citação desses trabalhos tão antiga como a escrita" (Horri, 2002, p. 7). De acordo com Garfield, a citação é um processo mental e cultural e, de acordo com Nicolaisen, é considerada um processo científico-social. Reyes também acredita que a lista de referências citadas é um dos componentes mais importantes dos trabalhos de investigação e publicação (Garfield, 1996; Nicolaisen, 2003; Reyes, 2001).

O que é óbvio é que um estudo não se faz no vazio e, durante as investigações, recorre-se certamente aos trabalhos dos antecessores e pioneiros. Basicamente, a referência a textos evita retrabalhos e a experiência do caminho que os outros percorreram, mas as suas experiências devem ser utilizadas para completar e melhorar a investigação. Qualquer empreendimento científico exige que se tenha em conta os esforços e as experiências do passado e o respeito pelas suas crenças. No entanto, estudos e análises podem mostrar que as descobertas e opiniões dos antigos estão erradas (Asnafi, 2010).

Basicamente, citar significa considerar uma coisa como um documento, basear-se em algo (Modir Amani, 2002, p 176). Falar em forma de documento e expressar as questões de forma fundamentada não é novo e tem sido discutido durante anos na comunidade científica. Historicamente, o fenómeno da citação é tão antigo como a escrita (Horri, 2002). Garfield, considerou a citação como um processo mental e cultural e acredita que, a citação não é apenas uma lista de dados extraídos do Índice de Citação, mas expressa a intertextualidade[1] relação em citar e citar obras (Neshat, 2011, p 170). O Índice de Citação comunica entre livros e artigos previamente escritos e os artigos que a eles se referem. Através dos índices de citação, é possível realizar a avaliação qualitativa e quantitativa de estudos científicos, estudar a história e mapear o mapa científico, compreender a relação entre citações e mapear a estrutura temática das disciplinas científicas.

O registo de citações é um dos métodos mais antigos e mais comuns de comunicação científica. Durante anos, as bases de dados de citações tradicionais (como a Web of Science e a Scopus) detectam citações e os artigos são avaliados desta forma. Qualquer que seja o número de citações de um artigo, este é cientificamente colocado num nível superior. Mas o que é investigado nestas bases de dados é apenas o rastreio de citações oficiais. Por outras palavras, se na lista de referências formais de citação (tais como revistas, dissertações, relatórios de investigação e afins) for feita uma citação, a fonte é rastreada e é considerada como citação nestas bases, enquanto parte das citações reais são feitas em contextos informais, serão negligenciadas pelas bases de dados de citações tradicionais e, infelizmente, não são rastreáveis utilizando as ferramentas das bases de dados de citações tradicionais.

No entanto, com o advento da Web, os documentos nela contidos aumentaram rapidamente. A Web tornou possível avaliar os processos de investigação a um nível macro, porque grande parte da comunicação científica informal ocorre agora em linha e cria um rasto em linha. Por exemplo, podemos tomar nota de ficheiros de apresentações em conferências, workshops; listas de leitura de cursos académicos, que são frequentemente fornecidas por professores universitários relacionados com tópicos de cursos, mensagens enviadas para os grupos de discussão científica sobre um determinado tópico, todos eles recuperáveis na Web.

O método utilizado no ambiente Web é muito semelhante à análise de citações. Na análise de citações, o número de citações de artigos científicos por outros artigos científicos (ou seja, incluídos na lista de referências) é apresentado como um sinal do impacto da investigação. Esta abordagem baseia-se na Sociologia da Ciência de Merton[2]. Mas as citações baseadas na Web não podem reivindicar uma base teórica

---

[1] A intertextualidade é a formação do sentido de um texto através de outro texto. As figuras intertextuais incluem: alusão, citação, calque, plágio, tradução, *pastiche* e paródia.

[2] A Sociologia da Ciência de Merton baseia-se no facto de a ciência ser um processo cumulativo; neste processo, os artigos que são citados por outros artigos são susceptíveis de mostrar a sua quota-parte no esforço global da ciência.

tão profunda como a análise de citações tradicional, e as evidências fornecidas pelas menções em linha não são tão fortes como as citações tradicionais. No entanto, a avaliação do impacto da Web pode fornecer indicadores úteis sobre o impacto das comunicações informais (Thelwall, 2011, p. 15).

De facto, as citações informais de inserção de informação bibliográfica (Título ou Endereço URL) são fontes citadas em fontes de informação que foram criadas com o objetivo de comunicações científicas não oficiais (tais como ficheiros de apresentação, listas de leitura de cursos académicos, mensagens enviadas para os grupos de discussão científica sobre um determinado tópico) (Kousha, 2007a). A natureza das citações informais fez com que este tipo de citações desempenhasse um papel importante nas comunicações científicas. Por exemplo, quando o professor cita uma fonte no seu ficheiro de apresentação, isso indica a importância e a credibilidade da fonte. Quando, em grupos de discussão, uma fonte é mencionada informalmente, isso indica a influência e a importância da fonte.

Hoje em dia, devido às novas tecnologias, o acesso e o rastreio de citações informais foram disponibilizados, a Web contém uma variedade de fontes de informação, incluindo a citação formal, a citação informal, a navegação (como encontrar informações através de guias temáticos e bases de dados) e etc. (Kousha, 2009, 55). Em princípio, a navegação refere-se a citações baseadas na Web que foram criadas para facilitar e aumentar o acesso a fontes na Web, incluindo directórios e bases de dados públicas e temáticas.

O ambiente da Web, em particular os motores de busca, cobrem uma vasta gama de citações informais e, como já foi referido, não havia a possibilidade de as seguir e analisar através das bases de citação tradicionais.

Na Web, existem várias ligações, conhecidas como ligações Web, que podem ser criadas originalmente entre qualquer tipo de sítio, como sítios comerciais, recreativos, não científicos, etc. Para distinguir entre estas ligações e as citações que têm como alvo os artigos no ambiente da Web, os investigadores têm utilizado o termo mais específico, "citação baseada na Web". De facto, uma citação baseada na Web pode aparecer sob a forma de hipertexto ou de texto na Web. Assim, o termo "citação baseada na Web" é utilizado quando o objetivo é inserir uma informação bibliográfica baseada na Web (como o título ou o URL) dos artigos noutras páginas Web (Kousha, 2008, 57). Talvez se possa apresentar um novo índice de avaliação, para além dos índices tradicionais do Instituto de Informação Científica, como "indicadores da presença e do impacto da Web", através dos quais os cientistas podem avaliar e monitorizar as universidades e os países

Por outro lado, com a invenção e desenvolvimento da Web, o texto integral dos artigos publicados nas revistas científicas foi gradualmente disponibilizado aos investigadores por via eletrónica e em acesso aberto. Ou seja, a Web tornou-se um importante canal de comunicação científica entre investigadores. De facto, a Internet e a Web revolucionaram o sistema tradicional de comunicação académica e a produção e distribuição de informação, e conduziram o padrão de acesso às fontes científicas e aos resultados da investigação do sistema de acesso aberto, baseado em assinaturas (Norouzi, 2006 b, p. 15).

Nos últimos anos, as revistas de acesso livre entraram rapidamente na comunicação académica e tornaram-se uma forma de publicação de literatura científica. Atualmente, uma percentagem importante dos textos científicos é publicada apenas sob a forma de revistas de acesso livre. Este aumento das revistas de acesso livre reflecte a rápida evolução do modelo de publicação (Kousha e Thelwall, 2006), tendo sido prevista a morte das revistas académicas tradicionais (Harnard, 1999). Dado que a quantidade de citações de artigos científicos depende significativamente da sua visibilidade e acessibilidade, o método de publicação de revistas de acesso livre pode desempenhar um papel eficaz no aumento do impacto dos artigos na investigação (Noruzi, 2006 b, p. 17). Por conseguinte, o estudo dos artigos de acesso livre e do seu impacto de citação pode ser muito importante. Isto fez com que a investigadora seleccionasse revistas de acesso livre para examinar as citações formais e informais no motor de busca Google para a sua comunidade de investigação.

O problema da falta de cobertura das citações informais nas bases de dados de citações tradicionais criou a questão específica de saber se o ambiente Web e o motor de busca Google oferecem a possibilidade de analisar e acompanhar as citações. A questão de saber que proporção das citações baseadas na Web do motor de busca Google está relacionada com citações formais e informais é considerada como o principal objetivo do presente estudo. Os resultados deste estudo podem ser utilizados para orientar a interpretação dos procedimentos de comunicação baseados na Web e desenhar mapas científicos informais.

1-2. Declaração do problema

Antes do advento da Web, apenas o método bibliométrico era utilizado para medir o impacto das citações (Kousha, A. 2007, p.213). As citações tradicionais e os índices de citação são considerados como a concretização deste método. Vários estudos que utilizam a análise bibliométrica e de citações também sublinham este ponto. Por outro lado, o advento da Web e a crescente divulgação de trabalhos científicos e de investigação neste ambiente criaram uma vasta gama de citações baseadas na Web, que são rastreáveis no ambiente Web. Assim, a questão que se coloca é a seguinte: "Poderemos utilizar a Web como uma ferramenta para os estudos de citação e introduzi-la como uma ferramenta suplementar ou mesmo alternativa à análise de citação tradicional?

Por outro lado, o que é rastreável nas citações tradicionais são apenas as comunicações científicas formais, as únicas fontes que constam oficialmente da lista de referências de uma fonte serão rastreáveis utilizando métodos bibliométricos e de análise de citações e isto abrange apenas as comunicações oficiais. No ambiente da Web, não só as comunicações oficiais podem ser investigadas, como também existe a possibilidade de rastrear e o impacto das comunicações informais (embora isso esteja associado a limitações). Através da Web, as comunicações informais (incluindo citações dadas a um ficheiro de formação ou citações surgidas num grupo de discussão científica) podem ser estudadas (Kousha, 2007a, p. 15).

Por outro lado, durante as duas últimas décadas, a publicação de revistas científicas foi dominada por uma verdadeira revolução que resulta do aparecimento da World Wide Web. Esta revolução tem dois aspectos relacionados entre si. O primeiro e mais visível aspeto é a rápida mudança das revistas (que apenas tinham a versão impressa) para a sincronização da publicação eletrónica e da impressão (Tenopir e King, 2000), e o segundo passo nesta revolução é o acesso aos artigos sem quaisquer restrições de subscrição, o que está relacionado com o acesso aberto (Willinsky J, 2005). Atualmente, existem 9330 revistas de acesso aberto de 129 países de todo o mundo apenas no DOAJ[3] (DOAJ, 2017). Uma vez que a quantidade de citações de artigos científicos depende significativamente da sua visibilidade e acessibilidade, estas revistas desempenham um papel importante nas comunicações científicas, pelo que a sua avaliação é muito importante.

Este estudo procura examinar a pesquisa de citações baseadas na Web do Google em artigos de investigação de revistas de acesso livre nas áreas das ciências humanas e sociais, engenharia e ciências médicas, e determinar que proporção de citações baseadas na Web do Google está relacionada com as citações formais e informais. Várias investigações mostraram que os padrões de citação variam em diferentes áreas e disciplinas. Neste estudo, foram seleccionadas como comunidade de investigação as revistas de acesso aberto das principais áreas académicas (Medicina, Engenharia, Ciências Humanas e Sociais), que possuem disciplinas.

---

l-3.A importância e a necessidade da investigação

Atualmente, com o advento da Web e de uma vasta gama de fontes de informação, surgiu um contexto potencial para aceder a dados de citação que não estão indexados nas bases de dados tradicionais (Web of Science e Scopus). O benefício mais importante desta investigação é responder à questão de saber se a Web pode ser utilizada como uma ferramenta para estudos de citação e apresentada como um suplemento ou mesmo uma ferramenta alternativa ao índice de citação tradicional.

A vantagem desta investigação é encontrar sinais da natureza e do impacto dos trabalhos científicos formais e informais no ambiente da Web. Os resultados deste estudo podem mostrar quanto das citações na Web visaram os artigos de revistas sob a forma formal e quanto sob a forma informal, e pode argumentar-se que os dados de citações na Web podem ser utilizados para medir o impacto intelectual das fontes de informação.

Numa outra parte do estudo, são examinadas algumas das características estruturais (tipo de ficheiro e domínio da Internet) e de conteúdo (língua e data de publicação) nas fontes de citação oficiais do motor de busca Google. Os dados e os resultados desta investigação podem ser utilizados no desenvolvimento de modelos de armazenamento e recuperação de artigos de texto integral.

O estudo das diferenças entre as várias áreas das ciências no ambiente web pode ser um dos benefícios desta investigação. Porque cada área pode ter o seu próprio padrão especial de citação, consequentemente, os resultados relacionados com uma área não podem ser generalizados a todas as áreas.

A seleção das principais áreas académicas que têm disciplinas pode ser uma abordagem útil para a seleção das disciplinas e, talvez, os resultados possam ser generalizados com precaução a um vasto leque de disciplinas a elas associadas. É possível que, em alguns domínios, as comunicações formais e, noutros, as comunicações informais desempenhem um papel importante na investigação, pelo que este estudo pode obter os dados.

Os benefícios desta investigação podem responder a essa questão, ou seja, se os investigadores que não podem aceder às bases de dados baseadas em taxas da instituição científica Thompson e à Scopus podem utilizar as capacidades do Google para acompanhar as citações e avaliar o impacto da investigação, bem como acompanhar as citações informais.

O impacto das revistas de acesso livre na investigação e no estudo dos procedimentos de comunicação académica, em particular, pode ser outro benefício desta investigação. Dado que a quantidade de citações de artigos científicos depende significativamente da sua visibilidade e acessibilidade, a forma de publicar revistas de acesso livre pode desempenhar um papel eficaz no aumento do impacto dos artigos na investigação. Assim, o estudo dos artigos de acesso livre e do seu impacto de citação pode ser muito importante.

1-4. Objectivos da investigação

O principal objetivo deste estudo foi determinar as citações formais e informais no motor de busca Google de artigos de revistas de acesso livre nas áreas da medicina, engenharia, humanidades e ciências sociais.

Os objectivos secundários do estudo são os seguintes

- Determinar o tipo de fontes obtidas a partir do motor de busca Google nos domínios estudados
- Determinar o tipo de citações formais e informais no motor de busca Google nos domínios estudados
- Determinação do conteúdo e das características estruturais das citações formais do motor de busca Google nos domínios investigados
- Determinação do padrão de citação na web em diferentes áreas estudadas em revistas de acesso aberto.

1-5. Questões de investigação

As questões que têm de ser respondidas nesta investigação são as seguintes

1. Que percentagem das citações baseadas na Web do Google atribui a citações informais e formais?
2. O que é considerado como citações informais do Google?
3. O que é considerado como citações formais do Google?
4. Quais são as características das citações formais das revistas de acesso aberto baseadas na Web do Google?
5. Quais são as diferenças entre as várias disciplinas nos padrões de citação baseados na Web do Google para artigos de revistas de acesso livre

1-6. Definições operacionais

Citações baseadas na Web: As citações baseadas na Web são citações retiradas do ambiente Web. Neste estudo, o objetivo é obter citações que são obtidas inserindo o título do artigo e o URL no motor de busca Google. Estas citações podem incluir a citação formal, a citação informal e a navegação.

Citações formais: Refere-se à inserção de uma referência explícita (título ou URL de artigos) na literatura científica na Web que aparece na lista de referências de citações formais (como livros, revistas, dissertações, relatórios de investigação, etc.).

Citações informais: Refere-se à inserção de informação bibliográfica (título ou URL) das fontes citadas nas fontes de informação criadas para comunicações científicas informais (tais como ficheiros de apresentação, listas de leitura de cursos académicos, mensagens enviadas para grupos de discussão científica sobre um determinado tópico).

Padrão de citação: Os padrões de citação no estudo referem-se a características e características das citações baseadas na Web do Google. As citações formais neste estudo foram estudadas em termos de domínio da Internet, tipo de ficheiro eletrónico, língua e data.

1-7. Limitações e problemas da investigação

- Uma das limitações deste estudo foi a limitação do motor de busca para a recolha de dados. A este respeito, é de notar a queda de registos falsos e duplicados durante a recolha de dados no motor de busca Google.

- A citação do conteúdo dos dados muda ao longo do tempo no ambiente Web e é considerada como um dos constrangimentos e problemas desta investigação. É de salientar que, para evitar o impacto do tempo nos dados, todas as fases de pesquisa para a recolha de dados do motor de busca Google foram efectuadas ao longo de um mês.

- As fontes filtradas no Irão foram uma das limitações do estudo, uma vez que foi impossível aceder a algumas fontes.

CAPÍTULO 2

Discussões teóricas e antecedentes da investigação

2-1. Discussões teóricas

2-1-1. Motor de busca Google

O Google começou a sua carreira como um projeto de investigação, no início de 1996, por Larry Page e Sergey Brin, que eram estudantes de doutoramento na Universidade de Stanford. Queriam expandir o pressuposto de que "se os motores de busca se baseassem na análise da relação entre os sítios Web, teriam melhores resultados do que as práticas actuais nessa altura". Começaram por chamar a este método "BackRub". Porque o sistema verificava as ligações dadas e anteriores e estimava a importância de um sítio[4] . Estavam convencidos de que as páginas que recebiam mais ligações de outras páginas credíveis tinham mais comunicação e importância e decidiram fazer da sua ideia, hipótese e conclusões parte de uma formação universitária para o seu motor de busca.

Em princípio, o cerne desta teoria era o sistema Page Rank. O Page Rank actua como um grande sistema de votação. Isto significa que, cada site que fornece um link de outro site por si só deu um voto a esse site. O site www.google.com foi registado em 15 de setembro de 1997 (Yahoo and Google History, 2010). Depois, em 1998, criaram o Google oficialmente na garagem de um dos seus amigos na Califórnia. Em 1999, a empresa mudou-se para um escritório em Palo Alto e continuou a trabalhar.

O termo Google deriva da palavra Googol, que significa "o número 1 seguido de 100 zeros", inventada por Milton Sirotta[5] . Esta questão, "o número 1 seguido de 100 zeros", é um slogan e, de facto, o objetivo da questão. Isto significa que a Google pretende expandir o serviço, os objectivos, a ciência da informação e a sua informação no mundo. O lema oficial da Google é "o mal é proibido", que é sinónimo de "Nunca, não sejas mau". O objetivo declarado pelos fundadores da Google (Larry e Sergey) é "organizar toda a informação do mundo". Em 1999, a Google viu-se confrontada com um enorme fracasso. Nessa altura, o AltaVista era o motor de busca mais popular entre os utilizadores. Após este fracasso, o Google regressou e rapidamente tomou o seu

---

[4] Nessa altura, um pequeno motor de busca trabalhava com esta estratégia, chamado "RankDex".
[5] Sobrinho do matemático americano Edward Kasner

lugar. O motor de pesquisa Google, devido à sua simplicidade, design interessante e resultados de pesquisa relevantes, abriu um lugar especial entre os utilizadores da Internet. Em 2000, o Google, ao vender palavras-chave relevantes e mais familiares aos utilizadores, começou a vender publicidade. O pico de sucesso da Google registou-se no início de 2004. Nesse ano, a Google tinha mais pedidos de pesquisa do que a "Yahoo", a "AOL" e a "CNN", que eram cerca de 80% (Taheri, 2010; Google, 2011; Yahoo and Google History, 2010).

O Google é o motor de busca mais utilizado na Internet e foi validado de modo a ser registado como uma nova palavra no Oxford English Dictionary. Os utilizadores do Dicionário Oxford, quando visitam a palavra "google", deparam-se com a seguinte definição e significado: verbo regular, significa pesquisar na Internet através do sítio Google. (Introdução ao motor de busca Google, 2010)

Pelas razões que se seguem, foi utilizado o motor de busca Google para este estudo.

- A capacidade do motor de busca Google para extrair citações baseadas na Web com base no título de pesquisa ou no URL de artigos de revistas electrónicas (Kousha e Thelwall, 2007a), que abrange os objectivos do estudo.

- O que sempre foi criticado nos estudos de Webometrics é a instabilidade da Web e, por isso, o motor de busca Google tem os resultados mais sustentáveis em diferentes períodos (Vaughan, 2004). O motor de busca pode ser adequado para realizar este tipo de investigação.

- O motor de pesquisa Google é o motor de pesquisa mais completo e mais utilizado e oferece a possibilidade de pesquisa avançada (Noruzi, 2006 b; Google is the most used search engine, 2010; Kousha, 2007).

- A capacidade do motor de busca Google está associada a uma cobertura relativamente generalizada das fontes da Internet sob a forma de vários tipos de ficheiros electrónicos, como PS, XLS, PDF, RTF, DOC, PPT (Kousha, 2007a), o que cobre os objectivos esperados deste estudo.

- E a razão mais importante para este motor é o facto de Kousha, nos resultados da sua tese de doutoramento, ter proposto que o motor de busca pode ser utilizado como uma ferramenta para avaliar as relações científicas formais e informais (educação, discussão científica, apresentação de trabalhos científicos, diálogo e...) (Kousha, 2007a).

2-2-2. Revistas de acesso livre

A literatura de acesso livre é digital, em linha, gratuita e isenta da maioria das restrições de direitos de autor e de licenças. O que a torna possível é a Internet e o consentimento do autor ou do detentor dos direitos de autor.

Na maioria dos domínios, as revistas académicas não pagam aos autores, que podem, por isso, consentir com o Acesso Aberto sem perderem receitas. Neste aspeto, os académicos e os cientistas têm uma situação muito diferente da maioria dos músicos e realizadores de filmes, e as controvérsias sobre o Acesso Aberto à música e aos filmes não se transferem para a literatura de investigação.

O Acesso Aberto é totalmente compatível com a revisão por pares, e todas as principais iniciativas de Acesso Aberto para a literatura científica e académica insistem na sua importância. Tal como os autores de artigos de revistas dão o seu trabalho, o mesmo acontece com a maioria dos editores de revistas e árbitros que participam na revisão por pares.

A produção de literatura OA não é gratuita, mesmo que a sua produção seja menos dispendiosa do que a da literatura publicada convencionalmente. A questão não é se a literatura académica pode ser tornada gratuita, mas se existem melhores formas de pagar as contas do que cobrar aos leitores e criar barreiras de acesso. Os modelos de negócio para pagar as facturas dependem da forma como o Acesso Aberto é disponibilizado (DOAJ, 2017).

Existem dois veículos principais para a disponibilização de artigos de investigação em Acesso Aberto: Revistas de Acesso Aberto e arquivos ou repositórios de Acesso Aberto.

- Os arquivos ou repositórios OA não efectuam a revisão por pares, mas simplesmente disponibilizam os seus conteúdos gratuitamente ao mundo. Podem conter preprints não arbitrados, postprints arbitrados, ou ambos. Os arquivos podem pertencer a instituições, como universidades e laboratórios, ou a disciplinas, como a física e a economia. Os autores podem arquivar os seus preprints sem autorização de terceiros e a maioria das revistas já permite que os autores arquivem os seus postprints. Quando os arquivos cumprem o protocolo de recolha de metadados da Iniciativa Arquivos Abertos, são interoperáveis e os utilizadores podem encontrar os seus conteúdos sem saber que arquivos existem, onde estão localizados ou o que contêm. Atualmente, existe software de código aberto para a criação e manutenção de arquivos conformes com a OAI e uma dinâmica mundial para a sua utilização.

- As revistas OA efectuam a revisão por pares e depois disponibilizam gratuitamente ao mundo os conteúdos aprovados. As suas despesas consistem na revisão por pares, preparação dos manuscritos e espaço no servidor. As revistas de Acesso Aberto pagam as suas contas da mesma forma que as estações de rádio e televisão: aqueles que têm interesse em disseminar o conteúdo pagam os custos de produção antecipadamente para que o acesso possa ser gratuito para todos os que tenham o equipamento adequado. Por vezes, isto significa que as revistas recebem um subsídio da universidade ou da sociedade profissional que as acolhe. Por vezes, significa que as revistas cobram uma taxa de processamento sobre os artigos aceites, a pagar pelo autor ou pelo patrocinador do autor (empregador, agência de financiamento). As revistas de Acesso Aberto que cobram taxas de processamento geralmente renunciam a elas em casos de dificuldades económicas. As revistas de Acesso Aberto com subsídios institucionais tendem a não cobrar taxas de processamento. As revistas de Acesso Aberto podem sobreviver com subsídios ou taxas mais baixas se tiverem receitas de outras publicações, publicidade, suplementos de preços ou serviços auxiliares. Algumas instituições e consórcios conseguem descontos nas taxas. Algumas editoras de Acesso Aberto isentam da taxa todos os investigadores afiliados a instituições que tenham adquirido uma assinatura anual. Há muito espaço para a criatividade na procura de formas de pagar os custos de uma revista OA com revisão por pares, e estamos longe de ter esgotado a nossa inteligência e imaginação. (suber, peter 2017)

Nos últimos anos, as revistas de acesso livre tornaram-se rapidamente comunicações de investigação e publicação de literatura científica. Atualmente, a percentagem significativa de textos científicos é publicada apenas sob a forma de revistas de acesso livre. Este aumento das revistas de acesso livre reflecte a rápida evolução do modelo de publicação (Kousha e Thelwall, 2006). Harnad previu efetivamente a morte das revistas académicas tradicionais (1999).

Atualmente, uma das fontes mais ricas de revistas electrónicas de acesso livre na Web é o Directory of Open Access Journals (DOAJ), que, de acordo com a sua alegação, fornece revistas académicas e de investigação revistas por pares gratuitamente e em texto integral para o público, e o seu objetivo é ser abrangente e cobrir todas as revistas académicas e de investigação que utilizam sistemas de controlo de qualidade para garantir o seu conteúdo.

Dado que a quantidade de citações de artigos científicos depende significativamente da sua visibilidade e acessibilidade, o método de publicação de revistas de acesso livre pode desempenhar um papel eficaz no aumento do impacto dos artigos na investigação (Noruzi, 2006 b, p. 17).

Uma das vantagens importantes das revistas de acesso livre é o facto de estas publicações terem sido mais citadas do que outras e acelerarem a investigação pelas seguintes razões

- Sabe em primeira mão que os cientistas e académicos não são pagos pelos seus artigos em revistas. Na maioria dos casos, é necessário transferir os direitos de autor para uma revista antes de esta publicar o seu trabalho. Embora possa receber royalties pelos seus livros e software, a sua compensação pelos artigos de revistas é mais abstrata: o seu domínio avança e a sua carreira desenvolve-se.

- Se está a abdicar dos seus direitos de autor e de propriedade intelectual, não deveriam ser os leitores os beneficiários? Ao eliminar as barreiras de preço e permissão, o acesso aberto torna o seu trabalho mais fácil de utilizar. O acesso aberto serve os seus interesses enquanto autor e os interesses de todos os potenciais leitores.

- Na era da impressão, o acesso livre era física e economicamente impossível. Mas graças à Internet, é uma realidade emergente. Agora, a tradição de produzir artigos de revistas sem expetativa de pagamento, combinada com a publicação eletrónica, oferece um bem público sem precedentes: a disponibilidade gratuita em linha de artigos de revistas científicas e académicas revistos por pares.

- Pense no que este tipo de distribuição significará para o alargamento do seu público, a partilha generalizada de conhecimentos e a aceleração da investigação. Os arquivos e revistas de acesso livre são práticos e legais. As implementações em todo o mundo estão a provar que ultrapassam as revistas tradicionais baseadas em assinaturas na sua relação custo-eficácia e serviço à ciência e aos estudos (Sparc, 2017).

Pelas razões acima referidas, as revistas de acesso livre foram seleccionadas como população de estudo deste estudo.

2-2. Antecedentes

2-2-1. Revisão da literatura

A pesquisa efectuada neste domínio revelou que, na maioria das fontes, o termo citações informais se refere a citações incompletas, tendo Max e Cardona (2009) afirmado que: As citações informais referem-se a inserir o nome do autor ou abreviaturas em vez da citação completa, e as citações formais referem-se a inserir detalhes bibliográficos completamente. O que é diferente do objetivo deste estudo. Por conseguinte, neste livro, apenas foi utilizada como pano de fundo a investigação em que o significado dos termos citação informal e formal é consistente com o objetivo deste estudo.

Harter, S.; Ford, C (2000) foram os primeiros a realizar uma investigação sobre a identificação das motivações para a criação de hiperligações na Web. Neste estudo, as motivações para a criação de 300 hiperligações Web, seleccionadas aleatoriamente, foram divididas em 13 grupos em função do tema. Neste estudo, foram utilizados métodos quantitativos e qualitativos para confirmar a natureza dos links da Web. Os resultados deste estudo mostraram que mais de metade dos links da Web devido à navegação visaram o sítio dos periódicos, e apenas cerca de 8% dos links da Web por outros artigos (como a lista de referências) visaram o sítio dos periódicos com o objetivo de citação formal.

Vaughan, L., & Shaw, D (2000) examinaram o número e o tipo de citações de artigos de revistas em quatro domínios científicos. Neste estudo, foi analisada a classificação temática das motivações para a criação de citações na Web dos artigos estudados e os resultados mostraram que 30% das ligações na Web representam o impacto intelectual (citações e educação).

Kousha e Thelwall (2006), numa investigação, estudaram qualitativa e quantitativamente as motivações formais e informais para a criação de ligações Web a artigos de investigação, 15 revistas electrónicas de texto integral revistas por pares sobre Biblioteconomia e Ciência da Informação (LIS) em 2000. Neste estudo, foram extraídas manualmente cinco características: língua, data de publicação, formato do ficheiro, conteúdo e tipo de citação baseada na Web relacionada com fontes de citação que tinham visado artigos electrónicos através da inclusão de ligações Web nas suas páginas. Além disso, foi investigada a relação entre o número de citações baseadas na Web e as citações de artigos na Web of Science. Os resultados mostraram que 43% dos links da Web foram criados com o objetivo de criar comunicações científicas formais e 18% com o objetivo de criar comunicações científicas informais.

A análise de correlação mostrou que existe uma relação direta, mas não forte, entre a média de citações baseadas na Web e a média de citações da Web of Science para artigos E-LIS. A distinção entre fontes de citação sob a forma de HTML e não-HTML mostrou que as comunicações científicas formais no ambiente Web são influenciadas por citações baseadas na Web de fontes não-HTML com URL de texto.

Kousha (2009), num artigo intitulado "Motivations for creating web-based citations to articles in four fields of sciences", estudou as motivações para a criação de 1577 citações baseadas na Web de artigos publicados em 64 revistas com revisão por pares e de acesso livre em quatro domínios das ciências (incluindo química, física, ciências ambientais e informática). O objetivo deste estudo foi determinar as motivações e os métodos utilizados na webometria. A análise das motivações relacionadas com as citações baseadas na Web mostrou que 23% das citações baseadas na Web representam o impacto formal (citação) e apenas 2% reflectem o impacto informal (formação, apresentações e discussões científicas). Muitas citações baseadas na Web (45%), devido à navegação pública ou especializada, têm como alvo os artigos de revistas na Web.

2-2-2. Resumo da revisão da literatura

Estes estudos mostram que o método utilizado foi a webometria, e que o ambiente web e as ferramentas nele disponíveis foram utilizados para a recolha de dados. De acordo com os resultados destes antecedentes, pode concluir-se que as citações informais abrangem uma parte das comunicações científicas que têm sido negligenciadas devido à falta de acesso às bases de dados de citações tradicionais. De facto, um novo tipo de informação sobre citações e de indicadores científicos pode ser obtido a partir da Web, incluindo também as citações informais.

CAPÍTULO 3

Método

3-l.Como recolher dados

3-1-1. Como selecionar a população do estudo

Para selecionar a amostra, os artigos das revistas de acesso livre em 2008 (no que diz respeito aos artigos que têm três anos de oportunidade de citação[6]) no site DOAJ em quatro grandes áreas das universidades: medicina, engenharia, ciências sociais e ciências humanas.

Foram seleccionadas diferentes áreas porque cada área tem o seu próprio padrão de citação, uma vez que, em qualquer domínio, os investigadores procuram diferentes fontes de informação. Por exemplo, "as fontes de informação para os académicos das ciências humanas são diferentes das fontes de informação necessárias para os investigadores das ciências sociais. Os estudiosos das humanidades usam mais fontes retrospectivas do que outros no seu trabalho e precisam menos de fontes de informação actuais" (Davarpanah, 2008), e parece que têm um padrão de citação diferente de outras áreas, e uma vez que os resultados associados a uma área não podem ser generalizados a outras áreas, a seleção das principais áreas universitárias, que têm subcampos, pode ser uma abordagem mais adequada para a seleção de disciplinas, e talvez os resultados possam ser cautelosamente alargados a um leque mais vasto de disciplinas associadas a elas.

Por conseguinte, o investigador escolheu quatro áreas principais: medicina, engenharia, ciências humanas e ciências sociais como áreas estudadas neste estudo. Nas universidades, existem várias áreas para além das áreas seleccionadas neste estudo, incluindo as áreas da arte e da agricultura. A seleção de todas as áreas levou à expansão da população e, uma vez que os dados têm de ser recolhidos num curto espaço de tempo, porque o tempo tem impacto na validade e fiabilidade dos dados, foram seleccionadas as áreas mais comuns.

Uma vez que são considerados uma série de critérios para a seleção de revistas (que

---

[6] A investigação efectuada anunciou que 3 ou 4 anos são suficientes para seguir as citações. É claro que mais estudos consideraram 3 anos, como este estudo.

serão mencionados mais adiante), foram excluídas da população do estudo algumas revistas que não cumpriam os critérios necessários. Por conseguinte, foram seleccionados os campos que, de acordo com os critérios estabelecidos para a seleção de revistas, têm um número suficiente de revistas para fazer investigação, de modo a que os resultados possam ser generalizados a qualquer campo. Assim, se existirem setenta revistas[7] no diretório de revistas de acesso livre em algumas disciplinas, estas serão seleccionadas. Depois, entre as disciplinas com mais de setenta revistas, foram seleccionadas aleatoriamente duas disciplinas em qualquer área académica principal.

Para as ciências médicas: os domínios da oncologia e da cirurgia; para as disciplinas de engenharia: engenharia de planeamento urbano e ciências da computação; para as ciências humanas: os domínios da linguística e da filosofia; e para as ciências sociais: os domínios da biblioteconomia e da ciência da informação[8] e da sociologia foram seleccionados como população de estudo para abranger adequadamente as principais áreas académicas. Para selecionar as revistas, foi utilizado o diretório de revistas electrónicas de acesso livre. Foram utilizados os seguintes critérios para selecionar as revistas:

> A revista deve ser de acesso livre e constar do diretório do sítio Web de revistas de acesso livre.

> A revista deve ter um sistema de controlo de qualidade. No entanto, o diretório de revistas de acesso livre indica que este sítio apenas abrange as revistas que possuem um sistema de controlo de qualidade, mas para garantir a existência de um sistema de controlo de qualidade, cada revista foi investigada individualmente. Ao estudar as diferentes partes da revista, incluindo a política de impressão da revista ou dos artigos, foi assegurado o sistema de controlo de qualidade das revistas, de modo a que a revista tenha certamente um sistema de controlo de qualidade para os artigos, incluindo a revisão por pares ou os artigos devem ser verificados pelo conselho editorial.

> Porque nesta investigação foram estudados artigos de 2008 (considerando três anos como o tempo necessário para citar este artigo), por isso só foram estudadas as revistas que publicaram em 2008.

---

[7] Os primeiros estudos desta investigação mostraram que, para as disciplinas com menos de 70 revistas, após a aplicação dos critérios de seleção de revistas, os resultados não podem ser generalizados devido ao número limitado da população obtida, pelo que foram seleccionados os campos com mais de 70 revistas de acesso livre no sítio DOAJ.

[88] De notar que, a área da Biblioteconomia e Ciência da Informação em algumas classificações é considerada como ciência das humanidades, mas dado que está classificada nas ciências sociais no dicionário de revistas de acesso livre, por isso, neste estudo, esta disciplina foi considerada no grupo das ciências sociais.

> O inglês foi selecionado como a única língua utilizada na revista e, para maior
consistência da população de estudo, as revistas com mais de uma língua, mesmo
que uma delas fosse o inglês, foram retiradas da população de estudo.
> Foram seleccionados como população de estudo os periódicos que cobrem apenas
uma determinada área temática, tendo sido evitada a seleção de periódicos que
abrangessem várias áreas, uma vez que o periódico pode estar noutra categoria
no diretório de periódicos de acesso livre e ter sido avaliado duas ou mais vezes.

Neste estudo, foi estudado o site original da revista e não foi utilizado o conteúdo do diretório de revistas de acesso livre para obter os artigos. Foram utilizados os seguintes critérios para a seleção dos artigos:

Os artigos estudados neste estudo apresentavam as características estruturais dos artigos científicos. A análise das diferentes secções do artigo, incluindo o resumo, a introdução, os antecedentes, os métodos, os resultados, as referências, etc., permite concluir que se trata de um artigo de investigação. Algumas revistas consideraram uma secção como "research articles /paper, peer-reviewed articles" que foi utilizada para selecionar as revistas. Descurámos a revisão de notas de editor, relatórios, recensões, introduções e artigos curtos devido à sua natureza controversa e à generalização dos seus resultados para as comunicações científicas. A Figura 3-1 mostra os passos e a forma como foi feita a seleção da amostra.

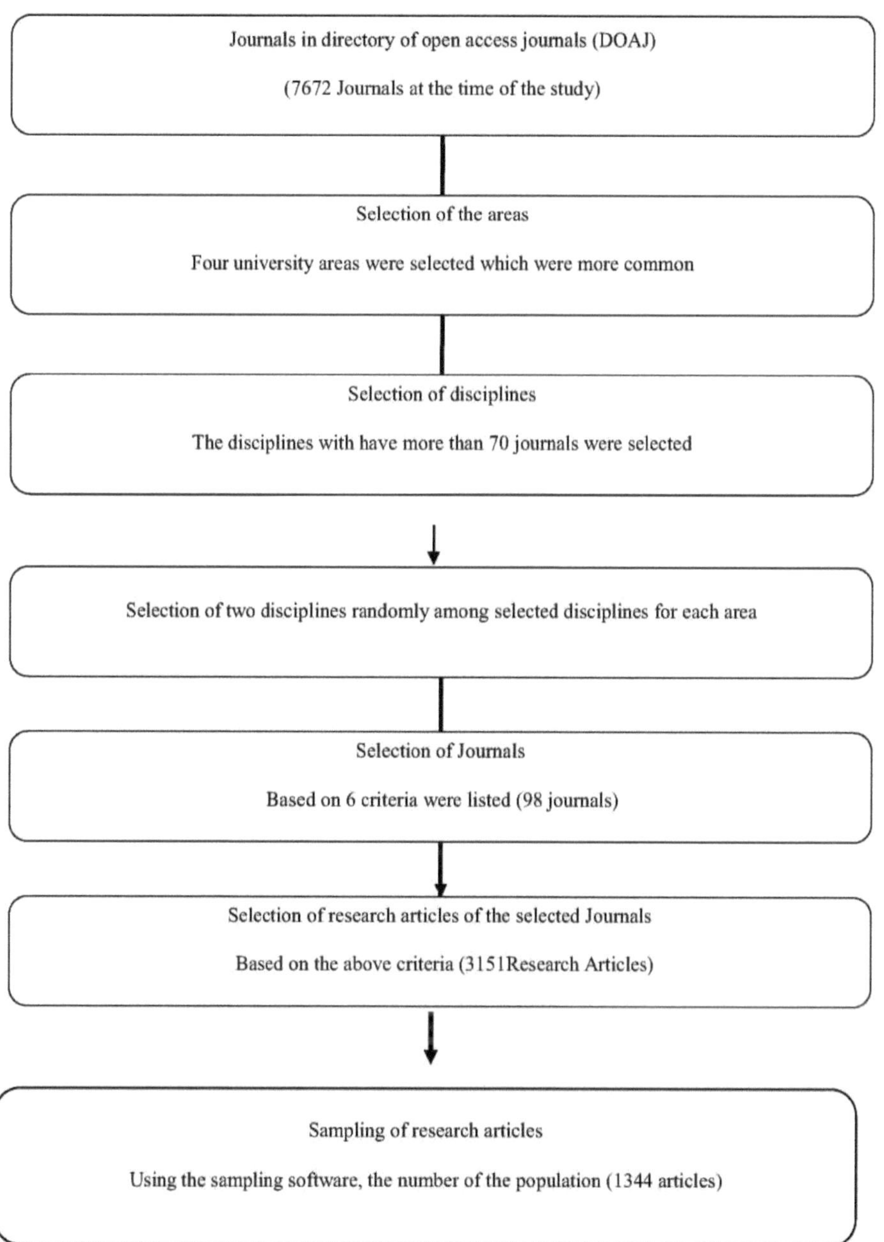

Figura 3-1 - O processo de seleção da população de investigação

3-2. Método de amostragem

Para determinar a população do estudo em qualquer campo, primeiro foram determinados os títulos dos artigos de investigação (3151 artigos) nas revistas seleccionadas (98 revistas) que indicam o total da população do estudo em cada campo, depois o tamanho da amostra foi calculado com base no número total da população do estudo com um intervalo de confiança de 95% e a margem de erro de 5, foi calculada através do software especial de amostragem[9] . Pode dizer-se que, com 95% de confiança e com margem de erro positiva e negativa de 5, os resultados podem ser alargados a toda a população do estudo. Após a determinação da dimensão da amostra (1344 artigos) em cada uma das oito disciplinas em estudo, foi utilizado o método de amostragem aleatória estratificada para selecionar os artigos das revistas. A Tabela 3-1 indica o número de artigos em estudo e a dimensão da amostra em cada domínio.

Tabela 3-1. Número de artigos em estudo e dimensão da amostra em cada disciplina

discipline	The number of journals	The number of research articles	Sample
Linguistics	10	100	80
philosophy	11	196	131
Library and information science	14	325	177
Sociology	9	92	75
Urban Engineering	8	398	196
Computer Science	23	830	263
Surgery	10	230	145
Oncology	13	980	277
Total	98	3151	1344

Depois, estabelecendo uma proporcionalidade simples, determinou-se que, com base no número necessário de amostras, cada revista terá a quota-parte desse número. A amostragem aleatória é utilizada para selecionar os artigos relacionados com cada revista, que se baseia na numeração sequencial dos artigos da revista e, em seguida, na seleção de números aleatórios de artigos baseados em tabelas.

3-3. método de recolha de dados

O método utilizado para recolher dados sobre os motores de pesquisa é retirado do método utilizado por Kousha (2007a) na sua tese de doutoramento. Neste método, conhecido como "extração de citações Web/URL", trata-se, de facto, de uma combinação de métodos de pesquisa de citações baseadas na Web ou de citações URL por artigos (citações baseadas na Web ou URL (citações URL). O primeiro método é utilizado por Vaughan e Shaw (2003), e o segundo por Kousha e Thelwall (2006) para recuperar citações baseadas na Web de artigos de revistas. O método utilizado nesta investigação utilizou o operador OR para combinar o título dos artigos OR o URL das revistas electrónicas. Para clarificar o método utilizado para recolher dados no motor de busca Google, é apresentado o seguinte exemplo.

---

[9] http://www.raosoft.com/samplesize.html

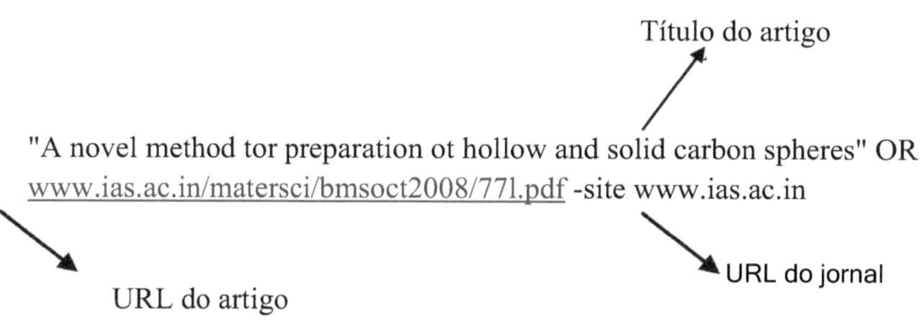

Esta pesquisa conduziu à recuperação das fontes citadas, que estão listadas tanto em hipertexto como estáticas nas páginas Web. A capacidade de pesquisar -site é utilizada para ignorar as citações baseadas na Web do espaço do site da revista. Nos casos em que, como o título do artigo era curto e muito genérico, para evitar as falsas citações, a informação adicional é utilizada na pesquisa, como o nome do autor ou o título da revista.

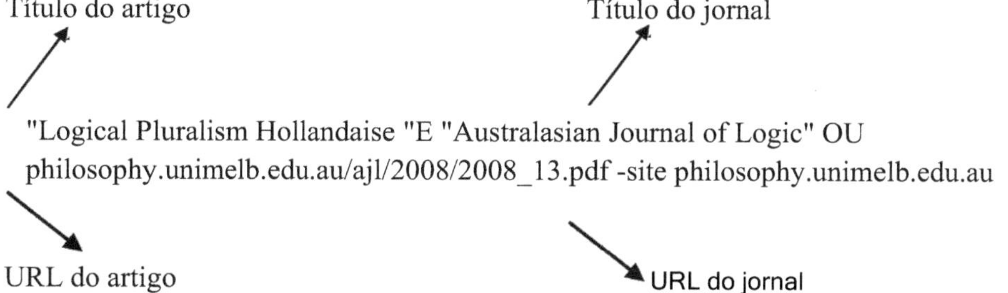

Além disso, se o artigo for publicado em dois formatos HTML e PDF, o endereço de ambas as versões electrónicas é combinado através do operador OR entre si, a fim de recuperar possíveis citações relacionadas com elas. No entanto, nos casos em que o título do artigo é longo, como o motor de busca Google só consegue recuperar 32 palavras, não houve possibilidade de utilizar as fórmulas de pesquisa, pelo que, para evitar a perda das citações, é necessário que as duas pesquisas sejam efectuadas individualmente, uma para o formato PDF e outra para o formato HTML.

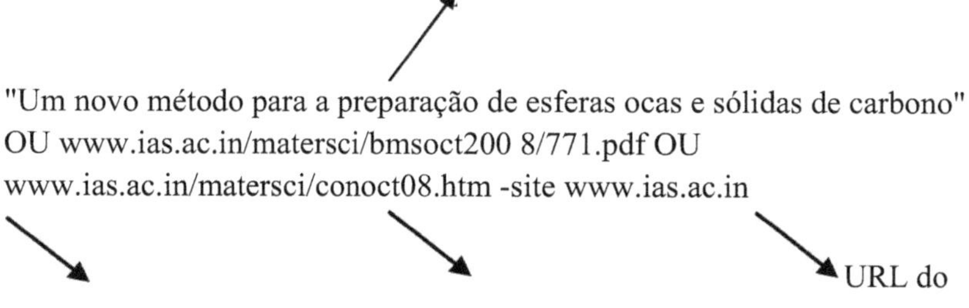

URL do artigo para formato   jornal
PDF
                              URL do artigo para formato HTML

3-4. As citações únicas do Google

Porque, Kousha (2007a) na sua tese de doutoramento, num estudo piloto, estudou 100 pesquisas efectuadas pelo motor Google seleccionando a opção **"repetir a pesquisa com os resultados omitidos incluídos"**, concluiu que, na maioria dos casos, os resultados semelhantes serão restaurados das pesquisas Google, que o seu conteúdo é bastante semelhante, pelo que, neste estudo, esta opção foi ignorada no final dos resultados Google.

Por outro lado, uma grande quantidade de resultados no Google são semelhantes entre si, e uma fonte de citação pode ser armazenada em vários formatos, como PDF, HTML e DOC, mas o seu conteúdo é bastante semelhante entre si, se o motor de busca Google apresentar todos os ficheiros acima referidos sob a forma de registos separados e nos seus resultados de pesquisa, pelo que se decidiu que a amostra seria selecionada entre citações únicas.

A seleção do método de citações individuais nos resultados obtidos a partir do Google foi seguida da seleção de apenas uma citação baseada na Web de qualquer sítio. Naturalmente, o motor de busca apresenta dois resultados associados a cada sítio por defeito, sendo que um deles é apresentado com uma boa indentação. Neste estudo, apenas o primeiro resultado do Google não é apresentado com uma boa indentação e é considerado como uma citação única baseada na Web. Naturalmente, a utilização deste método não significa a remoção de todas as citações duplicadas na Web nos resultados do Google, mas apenas a redução dos registos duplicados. Mas como não é fornecida nenhuma forma prática de resolver o problema, parece que a única solução é comparar manualmente as citações baseadas na Web do Google num registo, o que consome muito tempo, é complicado e praticamente impossível. É de salientar que todas as fases de pesquisa para a recolha de dados são efectuadas no motor de busca Google no espaço de um mês.

3-4-1. Amostragem das citações únicas do Google

Uma vez que o volume de citações no motor de busca Google é de 14 404 citações, e que a revisão destas citações consome muito tempo, é difícil e praticamente impossível, decidiu-se utilizar o método de amostragem para selecionar citações únicas baseadas na Web. Este método foi utilizado nos estudos sobre o motor de busca Google (Vegan e Shaw, 2003; Vaughan e Shaw, 2005; Kousha, 2007a).

Por conseguinte, foi utilizado o método de amostragem aleatória estratificada neste estudo para a seleção dos artigos dos periódicos. Desta forma, pode ser selecionada e estudada uma proporção lógica de citações baseadas na Web para artigos de periódicos, pelo que os periódicos que receberam mais citações baseadas na Web serão mais incluídos na amostra. Para determinar o número total de amostras necessárias a partir das citações baseadas na Web do Google em cada domínio, utilizando o software de amostragem, com um intervalo de confiança de 95% e uma margem de erro de 5, foi calculada a dimensão das amostras estatísticas necessárias. Em seguida, utilizando a tabela de números aleatórios e tendo em conta as citações baseadas na Web para qualquer revista, as citações baseadas na Web foram seleccionadas através do método de amostragem aleatória e utilizando a tabela de números aleatórios.

Tabela 3-2- O número de citações na Web pelo Google e o tamanho da amostra em cada disciplina

Area	discipline	The number of articles	The number of web-based citations	The number of web-based sample
Humanities	Linguistics	80	1014	279
	Philosophy	131	757	256
Social Sciences	Library	177	2176	327
	Sociology	75	726	252
Engineering	Urban Engineering	196	786	259
	Computer	263	3535	347
Medical	Surgery	145	942	265
	Oncology	277	4468	354
Total		1344	14,404	2339

3-5. Método de análise

O método de análise é apresentado da seguinte forma para responder à questão de "quanto das citações baseadas na Web do Google são atribuídas a citações informais e formais e quais são elas:

Em primeiro lugar, deve explicar-se a variedade de citações formais e informais e referir que cada uma delas contém que itens. A citação formal refere-se à menção de fontes explicitamente citadas (artigos de revistas) na lista de referências de um trabalho que pode ser identificada e rastreada no ambiente Web. Este tipo de comunicações formais são consideradas como os indicadores quantitativos mais importantes na avaliação da ciência desde há muitos anos, e são utilizadas para medir e avaliar o impacto das revistas científicas. Assim, se as citações na Web recuperadas pelos motores de busca forem provenientes da lista de referências de artigos de revistas, conferências, relatórios de investigação, teses e livros, podem ser utilizadas como influência formal nos resultados da análise.

De seguida, são mencionados os diferentes tipos de fontes de citação formal baseadas na Web utilizadas neste estudo.

1. Artigos de revistas
2. Artigos ou posters de "conferências
3. Relatórios de investigação
4. Artigos electrónicos antes e depois da impressão
5. Patentes
6. Dissertações académicas
7. Livro ou um capítulo de um livro
8. Índices de citação baseados na Web[10]

É de salientar que, para identificar o tipo de fonte, na maioria das vezes, foi necessário ver o documento original, mas por vezes, mesmo com a observação do documento original, não foi possível determinar o tipo de documento, nestes casos, foi necessário para o diagnóstico e determinação do tipo de documento, examinar o original do URL de raiz em que a fonte foi deslocada. Uma vez que parte das fontes baseadas são colocadas na Web através de auto-arquivo pessoal ou organizacional, não se especifica se já foram apresentadas em revistas ou conferências ou se foram publicadas apenas em formato eletrónico. Nestes casos, foi feita uma tentativa de indicar o artigo original através de várias pesquisas, mas, se não se obtiveram resultados utilizando diferentes métodos, será considerado como artigo eletrónico.

Em seguida, foram definidas algumas das palavras-chave utilizadas no diagnóstico e na determinação dos tipos de fontes deste estudo. Se houver a palavra "Journal ou ISSN" como journal numa fonte, se a palavra "Dissertation ou Thesis" foi identificada como tese, se o termo "Research Report ou Technical Report" foi mencionado como relatório de investigação, se a palavra "Patent" foi citada como patente, se a palavra "Book ou ISBN" foi guardada como livro e se os índices de citação "Citeseer ou Citebases" foram guardados, ou foram retirados dos serviços de rede de citação Cross-Ref dos editores, foram considerados como índices de citação.

Mas as citações informais referem-se à menção explícita das informações sobre os artigos em fontes informais. Por outras palavras, se o título do artigo ou o seu URL forem claramente mencionados em fontes informais, podem ser considerados como citações informais. Por exemplo, pode ser anotado em ficheiros de apresentação em conferências, workshops; listas de leitura de cursos académicos, mensagens enviadas para grupos de discussão científica. De facto, pode concluir-se que a menção explícita de informação bibliográfica nestas fontes indica que os artigos foram diagnosticados como artigos utilizáveis, de modo a poderem ser citados por pessoas, especialmente investigadores e professores universitários.

Foram mencionados diferentes tipos de fontes de citação informais baseadas na Web, que são utilizadas neste estudo.

1. Ficheiros de apresentação, em conferências, workshops e ficheiros desta categoria
    2. Listas de leitura de cursos académicos, que são frequentemente fornecidas por professores universitários relacionados com títulos de jornais
    3. Mensagens enviadas para um grupo de discussão científica sobre um determinado tópico

Naturalmente, o diagnóstico deste tipo de fontes é muito mais complexo do que o das citações formais. Mas algumas estratégias e palavras-chave foram úteis para o diagnóstico e determinação do tipo de citações, que são mencionadas de seguida. Ficheiros PowerPoint dedicados a ficheiros que podem ser normalmente utilizados em seminários e workshops. Se numa fonte tiverem sido identificados títulos ou cursos e, por exemplo, tiverem sido mencionados os objectivos do curso, tópicos educativos ou cursos académicos, foi considerada uma lista de leitura de cursos académicos. As mensagens do grupo de discussão são normalmente armazenadas nos arquivos do grupo de discussão, e se, para apoiar a perspetiva científica, o método de investigação ou a verificação e rejeição de uma ideia, as características bibliográficas ou o respetivo URL tiverem sido mencionados na mensagem, esta é considerada uma influência informal. No entanto, se a lista de leitura do curso académico for obtida a partir do sítio da biblioteca ou de artigos seleccionados no sítio da universidade e noutros sítios, nesta classificação, não é considerada como fonte de citação informal. Nos grupos de discussão, por vezes os professores universitários e os investigadores podem referir-se a uma fonte e mencionar as características ou o URL de um artigo com o objetivo de fornecer informações sobre a publicação do artigo, as fontes não foram consideradas fontes de citação informal. São os seguintes:

1. Características bibliográficas dos artigos da revista, ou o seu URL num contexto pessoal e organizacional

2. Artigos semelhantes que tenham sido mencionados no sítio Web da conferência, das revistas, dos seminários, etc.
3. Registos recuperados de bases de dados bibliográficas científicas na Internet
4. Bibliografias temáticas e listas de artigos seleccionados numa área temática
5. Diretório de assuntos e ferramentas de pesquisa geral
6. Sítios de bibliotecas e ligações úteis
7. Sites espelho[11]
8. Lista de conteúdos electrónicos em diferentes domínios da Internet
9. URL do artigo em códigos de programação, por exemplo XML

Ao analisarmos as citações baseadas na Web, fomos confrontados com outros casos que não foram classificados nos grupos mencionados. Um grupo estava relacionado com os registos que estavam filtrados no momento da pesquisa no sítio e não havia possibilidade de os estudar, e outro grupo estava relacionado com endereços e sítios que não estavam disponíveis no momento da pesquisa na Web.

O método de análise de dados para responder à questão de investigação sobre as características das citações formais baseadas na Web é o seguinte: Foram estudadas duas características estruturais e características de conteúdo das fontes formais de citação baseadas na Web. Foram estudados o tipo de ficheiro e o domínio da Internet, incluindo as características estruturais, e as línguas das fontes e a data de publicação das citações, incluindo as características de conteúdo. A determinação do tipo de ficheiro pode, em certa medida, refletir a estrutura dos ficheiros electrónicos nas comunicações científicas e nas redes de citação na Web. Foram utilizadas as seguintes categorias para classificar o tipo de ficheiros.

1. DOC
2. PDF
3. HTML
4. Post Script
5. PowerPoint

A identificação do tipo de ficheiros de citação foi feita através da observação do conteúdo ou do estudo das abreviaturas utilizadas no final dos seus URLs. A classificação das fontes formais de citações na Web foi efectuada com base no domínio Internet das universidades (edu, ac), organizações sem fins lucrativos (org),

---

[11] São sítios cuja estrutura e conteúdo são semelhantes aos do sítio original, mas cujos URLs são diferentes dos do sítio original. O objetivo dos sítios espelho é aumentar o acesso e a navegação ao conteúdo do mesmo sítio.

organizações comerciais (com) e outros domínios Internet. No entanto, isto não é exaustivo, por exemplo, edu refere-se a universidades dos EUA e a algumas universidades do mundo, e ac refere-se a muitas universidades do mundo, como as do Irão, da Índia, etc. No entanto, algumas universidades do Canadá e de muitos outros países europeus não utilizam estes dois domínios da Internet. Por conseguinte, os resultados não podem ser generalizados a toda a comunidade universitária. Além disso, org não se limita apenas a instituições sem fins lucrativos e outros sítios também o podem utilizar (Kousha, 2007a). No entanto, como o domínio da Internet abrange a maioria destas instituições, decidiu-se estudar os domínios da Internet.

A linguagem da citação formal é outra das características que foram avaliadas neste estudo. A seguinte classificação foi utilizada para estudar a linguagem:

1. Inglês
2. Não inglês (língua europeia)
3. Outras línguas (incluindo chinês, hindi, russo e farsi)

A data de publicação refere-se à data de publicação dos artigos para as revistas, à data de realização da conferência para os artigos das conferências, à data de defesa de uma tese, à data de execução do projeto para os projectos de investigação. Por vezes, não era possível determinar e registar a data de publicação e, por vezes, era necessário examinar a raiz do URL do sítio para determinar a data de publicação pretendida. Nalguns casos, mesmo com muitos esforços, não foi possível especificar a data de publicação, a data de publicação foi mencionada sem data. O objetivo da análise da data de publicação das fontes de citação na Web é obter evidências científicas com base na altura em que os artigos conseguiram receber o maior número de citações na Web. Esta caraterística mostra que os artigos científicos atraíram o maior número de citações num curto espaço de tempo (por exemplo, um ano). Isto é semelhante à utilização do índice de imediatismo no Thomson Scientific Institute.

CAPÍTULO 4

Análise dos dados

A tabela abaixo foi elaborada em resposta à pergunta: "Qual é a quantidade de citações no motor de busca Google?"

Tabela 4-1- Distribuição de frequências e indicadores estatísticos das citações de revistas de acesso aberto no motor de busca Google

Area	Discipline	Google			
		Number	Average	SD	Middle
Humanities	Linguistics	1014	13.34	13.47	8
	Philosophy	757	6.42	5.12	5
Social Sciences	Library	2176	12.65	12.18	8
	Sociology	726	9.8	18.47	4.5
Engineering	Urban Engineering	786	4.54	3.88	3
	Computer	3535	13.4	17.01	8
Medical	Surgery	942	6.54	11.91	3
	Oncology	4468	18:24	16.39	12
Total		14,404	10.61	-	-

Os dados deste quadro mostram que a média mais elevada de citações no motor de busca Google é dedicada ao domínio da oncologia, com 18,24, e a média mais baixa de citações é dedicada ao domínio da engenharia urbana, com 4,54. O desvio-padrão mais elevado no motor de busca Google é dedicado à sociologia, e o mais baixo é dedicado ao domínio da engenharia urbana. Isto significa que as citações retiradas do motor de busca Google no domínio da engenharia urbana são mais homogéneas e mais consistentes do que noutros domínios em estudo. A mediana mais elevada neste motor é dedicada à oncologia.

Tabela 4-2 Distribuição da frequência de citações formais e informais de revistas de acesso aberto no motor de busca Google

Area	Discipline	Formal		Informal		Other cases		Filtered		Inaccessible		Duplicate	
		Number	Percent	Number	Percent	Number	Percent	Number	Percent	Number	Percent	Number	Percent
Human Sciences	Linguistics	27	9.68	3	1.08	220	78.85	9	3.23	16	5.73	4	1.43
	Philosophy	19	7.42	5	1.95	178	69.53	30	11.72	12	4.69	12	4.69
Social Sciences	Library	63	19:27	11	3.36	208	63.61	25	7.65	14	4.28	6	1.83
	Sociology	9	3.57	9	3.57	193	76.59	25	9.92	13	5.16	3	1.19
Engineering	engineering	4	1.54	1	0.39	216	83.4	10	3.86	23	8.88	5	1.93
	Computer	18	5.19	5	1.44	295	85.01	11	3.17	13	3.75	5	1.44
Medicine	Surgery	34	12.83	7	2.64	198	74.72	9	3.4	9	3.4	8	3.02
	Oncology	10	2.82	3	0.85	310	87.57	17	4.8	11	3.11	3	0.85
Total		184	7.87	44	1.88	1818	77.72	136	5.81	111	4.75	46	1.97

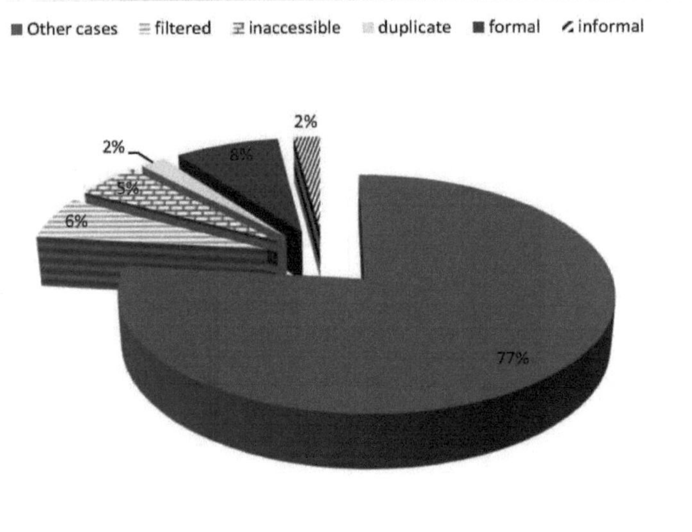

Figura 4-1- Distribuição percentual das citações formais e informais de revistas de acesso aberto no motor de busca Google

A Tabela 4-2 e a Figura 4-1 foram desenvolvidas em resposta à pergunta "quanto das citações baseadas na Web do Google foi dedicado a comunicações informais e formais?" Na Tabela 4-2, para além do número e da percentagem de fontes de citações formais e informais em cada uma das 8 disciplinas estudadas, são apresentadas 4 outras opções (outros casos, filtrados, inacessíveis e duplicados). Tal como referido no Capítulo 3, os casos que não incluíam citações formais e informais foram designados por "outros casos", que incluem os seguintes

1. Características bibliográficas dos artigos de revistas, ou o seu URL em contextos pessoais e organizacionais;
2. Artigos semelhantes que constem da revista da conferência, do sítio Web dos seminários, etc.
3. Registos recuperados de bases de dados bibliográficas científicas na Internet
4. Bibliografias temáticas e listas de artigos seleccionados numa área temática
5. Diretório de assuntos e ferramentas de pesquisa geral
6. Sítios de bibliotecas e ligações úteis
7. Sites espelho
8. Lista de conteúdos electrónicos em diferentes domínios da Internet
9. URL do artigo em códigos de programação, por exemplo XML

No quadro 4-2, as fontes que foram filtradas durante o estudo e às quais não foi possível aceder foram listadas como "filtradas", as fontes que não foram recuperadas durante a pesquisa na Internet foram listadas como "inacessíveis" e as fontes que foram recuperadas como duplicadas no motor de busca Google foram listadas como "duplicadas".

O quadro 4-2 mostra que as citações formais mais elevadas no motor de busca Google são dedicadas ao domínio das ciências da biblioteca e da informação, com 19,27, e a média mais baixa de citações formais é dedicada ao domínio da engenharia urbana, com 1,54. A percentagem mais elevada de citações informais, com 3,57, é dedicada à sociologia, e a mais baixa é dedicada ao domínio da engenharia urbana, com 0,39. Entre os "outros casos", o domínio da oncologia, com 87,57%, atribuiu a si próprio o valor mais elevado e o domínio da biblioteconomia e da ciência da informação atribuiu a si próprio o valor mais baixo, com 63,61. A Filosofia, com 11,72%, apresenta a taxa mais elevada de fontes filtradas e a Informática, com 3,17%, apresenta a taxa mais baixa. Entre a opção "inacessível", a área da engenharia urbana, com 8,88%, e a oncologia, com 3,11%, apresentam a maior e a menor taxa, respetivamente.

Em geral, a taxa de citações formais recuperadas pelo motor de busca em 8 campos foi de 7,78% e a taxa de citações informais foi de 1,88%. Como se pode ver no quadro 4-2, a maioria das referências recuperadas no motor de busca Google diz respeito a "outros casos", ou seja, 77,72%. No entanto, o motor de busca pode cobrir quase 10% das citações (formais e informais) na Web. Mas o estudo do motor de busca é importante porque abrange as citações informais. As citações informais, uma parte das citações reais, são importantes porque a base de dados de citações tradicional tem sido negligenciada e ignorada.

A Figura 4-1 apresenta a distribuição de frequência das citações formais, informais, duplicadas, inacessíveis, filtradas e outros casos. A Figura 4-2 foi preparada para mostrar as citações formais e informais para cada domínio em estudo (humanidades, ciências sociais, engenharia e ciências médicas). O que é evidente na figura 4-2 é que no domínio das ciências sociais foram obtidas mais citações formais e informais através do motor de busca Google do que nos domínios das humanidades, medicina e engenharia.

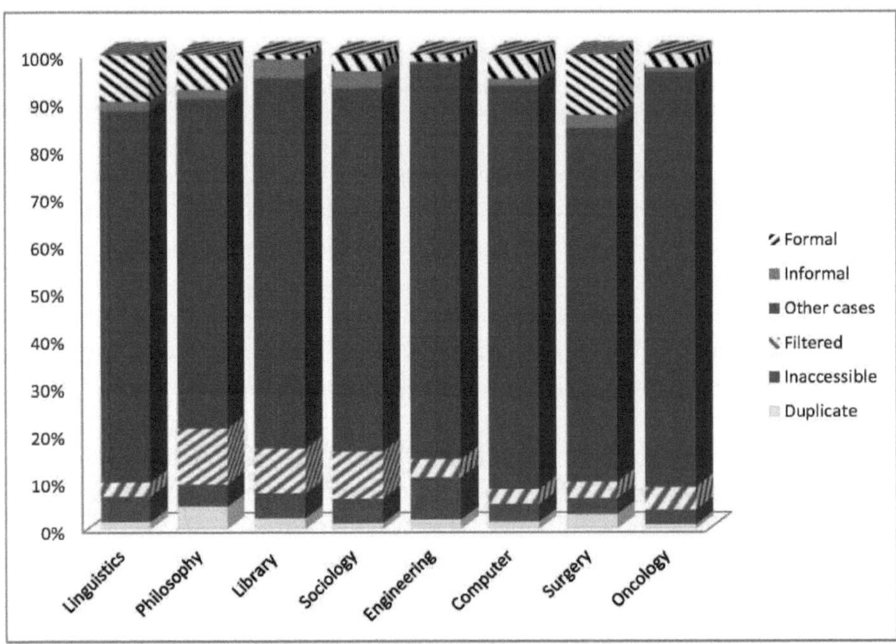

Figura 4-2- Distribuição percentual das citações formais e informais do Google a revistas de acesso aberto nas diferentes
disciplinas em estudo

Tabela 4-3. Distribuição da frequência de citações informais de revistas de acesso aberto no motor de busca Google com base no tipo

Area	Discipline	Presentation File		Academic course reading lists		Messages sent to the scientific discussion groups	
		Number	Percent	Number	Percent	Number	Percent
Human Sciences	Linguistics	1	33.33	2	66.67	-	-
	Philosophy	1	20	1	20	3	60
Social Sciences	Library	3	27.27	4	36.36	4	36.36
	Sociology	1	11.11	6	66.67	2	22:22
Engineering	Engineering	-	-	1	100	-	-
	Computer	1	20	1	20	3	60
Medicine	Surgery	6	85.71	-	-	1	14:29
	Oncology	1	33.33	-	-	2	66.67
Total		14	31.82	15	34.09	15	34.09

As tabelas 4-3 e 4-4 foram elaboradas em resposta à pergunta "As citações formais e informais contêm que itens". A Tabela 4-3 e a Figura 4-3 mostram diferentes tipos de citações não formais no motor de busca Google. Foram mencionados diferentes tipos de fontes de citações informais baseadas na Web que foram consideradas neste estudo.

1. Ficheiros de apresentação em conferências, workshops e ficheiros desta categoria;

2. Listas de leitura de cursos académicos, que são frequentemente fornecidas por professores universitários

3. Mensagens enviadas para os grupos de discussão científica sobre um determinado tema

Nos "Ficheiros de apresentação", a área da cirurgia, com 85,71%, atribuiu a taxa mais elevada de citações a si própria e a engenharia urbana a taxa mais baixa (sem citação). No grupo das "Listas de leitura de cursos académicos", a área da engenharia urbana, com 100%, atribuiu a taxa mais elevada e as disciplinas de cirurgia e oncologia a taxa mais baixa. No grupo "mensagens enviadas para os grupos de discussão científica", as citações mais elevadas são dedicadas à oncologia, com 66,67%, e a taxa mais baixa, sem qualquer citação, é dedicada à engenharia urbana. Globalmente, os dois grupos "Listas de leitura de cursos académicos" e "Mensagens enviadas para grupos de discussão científica", cada um com 34,09 por cento, tiveram a maior taxa de citações no grupo das citações informais. A Figura 4-3 mostra a distribuição da frequência das citações informais no motor de busca Google.

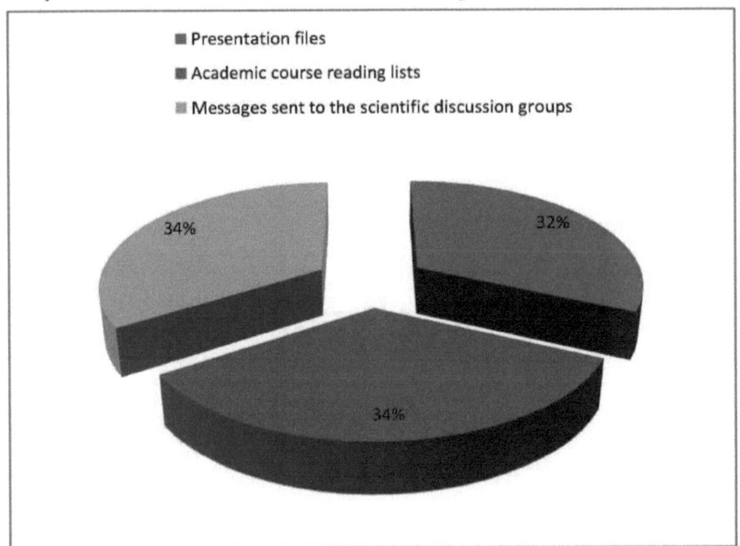

Figura 4-3- Distribuição percentual das citações informais de revistas de acesso aberto no motor de busca Google

36

Tabela 4-4- Distribuição da frequência das fontes formais de citação de revistas de acesso aberto no motor de busca Google com base nas fontes

Area	Discipline	Journal		Thesis		Book		Conference		Report		Web Index		E Articles	
		Number	Percent	Number	Percent	Number	Percent	Number	Percent	Number	Percent	Number	Percent	Number	Percent
Human Sciences	Linguistics	13	48.15	4	14.81	3	11:11	2	7.41	1	3.7	-	-	4	14.81
	Philosophy	1	5.26	-	-	9	47.37	2	10:53	-	-	4	21.05	3	15.79
Social Sciences	Library	22	34.92	5	7.94	19	30.16	5	7.94	4	6.35	-	-	8	12.7
	sociology	4	44.44	-	-	3	33.33	1	11.11	1	11.11	-	-	-	-
Engineering	Engineering	3	75	-	-	-	-	-	-	1	25	-	-	-	-
	Computer	6	33.33	1	5.56	3	16.67	1	5.56		-	7	38.89	-	-
Medicine	Surgery	32	94.12	-	-	1	2.94	-	-	1	2.94	-	-	-	-
	Oncology	7	70	-	-	1	10	-	-	-	-	1	10	1	10
Total		88	47.83	10	5.43	39	21:19	11	5.98	8	4.35	12	6.52	16	8.7

Os diferentes tipos de fontes de citação formal no motor de busca Google são apresentados no quadro 4-4 e na figura 4-4. Neste estudo, os diferentes tipos de fontes de citações formais estão divididos em 8 grupos, como se segue:

1. Artigos de revistas
2. Artigos ou cartazes de conferências
3. Os relatórios de investigação
4. Artigos electrónicos antes e depois da impressão
5. Patentes
6. Dissertações académicas
7. Livro ou um capítulo de um livro
8. Índice de citações da Web

Como em todas as 4 áreas estudadas, nenhuma citação teve direito a licença de patente, portanto, na tabela de resultados, esta não foi considerada. O maior número de citações a periódicos com 94,12 foi atribuído a cirurgia, e o menor número de citações foi atribuído a filosofia com 5,26%.

O maior número de citações de teses está relacionado com a disciplina de linguística, com 14,81%, e o menor está relacionado com filosofia, sociologia, engenharia urbana, cirurgia e oncologia, que não recebeu qualquer citação. Na filosofia, o livro, com 47,37%, desempenha um papel fundamental nas fontes de citação desta disciplina. Por outras palavras, quase metade das fontes desta disciplina foram dedicadas aos livros. A engenharia urbana, sem citações de livros, situa-se no nível mais baixo. Na disciplina de artigos de conferências, a sociologia, com 11,11%, teve o maior número de citações e a engenharia urbana, a cirurgia e a oncologia estão no nível mais baixo, sem qualquer citação. Num relatório de investigação, a sociologia, com 11,11%, está no nível mais elevado e a informática e a oncologia no nível mais baixo. A disciplina de informática no índice da Web teve o nível mais elevado e as disciplinas de linguística, biblioteconomia, sociologia, engenharia urbana e cirurgia não tiveram qualquer citação. O número mais elevado de citações de artigos electrónicos diz respeito à filosofia, com 15,79%, e o mais baixo às disciplinas de sociologia, engenharia urbana, informática e cirurgia.

De um modo geral, os periódicos, com 47,83%, registaram a taxa mais elevada de citações no grupo das citações formais. Quase metade das citações formais são dedicadas aos periódicos. O nível mais baixo de citação (com exceção das patentes que não receberam citações) está relacionado com o relatório de investigação.

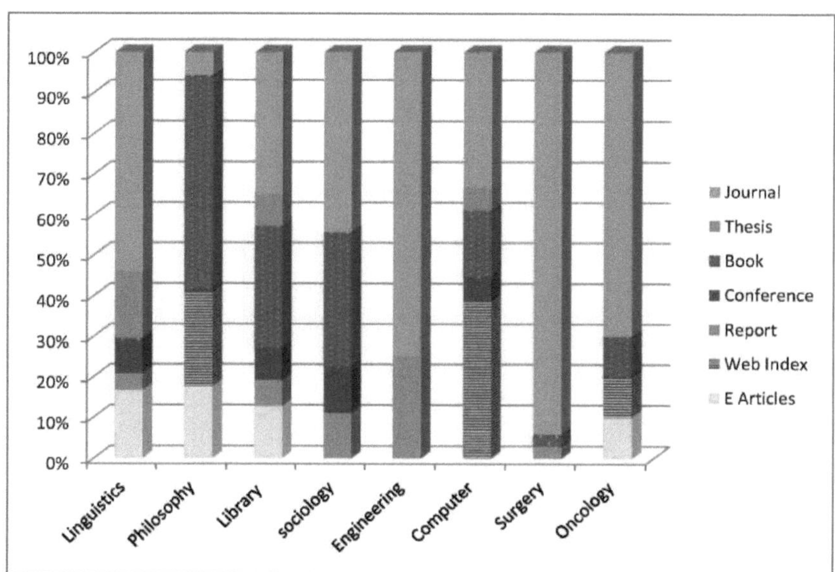

Figura 4-4- Distribuição percentual das fontes formais de citação de revistas de acesso aberto no motor de busca Google

Tabela 4-5- Distribuição da frequência de citações formais a revistas de acesso aberto no motor de busca Google por ano

Area	Discipline	2008		2009		2010		2011		Undated	
		Number	Percent	Number	Percent	Number	Percent	Number	Percent	Number	Percent
Human Sciences	Linguistics	3	11.11	3	11.11	5	18.52	15	55.56	1	3.7
Human Sciences	Philosophy	7	36.84	5	26.32	1	5.26	2	10.53	4	21.05
Social Sciences	Library	8	12.7	20	31.75	17	26.98	11	17.46	7	11.11
Social Sciences	Sociology	2	22.22	3	33.33	-	-	2	22.22	2	22.22
Engineering	Engineering	2	50	-	-	1	25	-	-	1	25
Engineering	Computer	3	16.67	1	5.56	6	33.33	1	5.56	7	38.89
Medicine	Surgery	5	14.71	21	61.76	5	14.71	2	5.88	1	2.94
Medicine	Oncology	-	-	2	20	5	50	2	20	1	10
Total		30	16.3	55	29.9	40	21.74	35	19.02	24	13.04

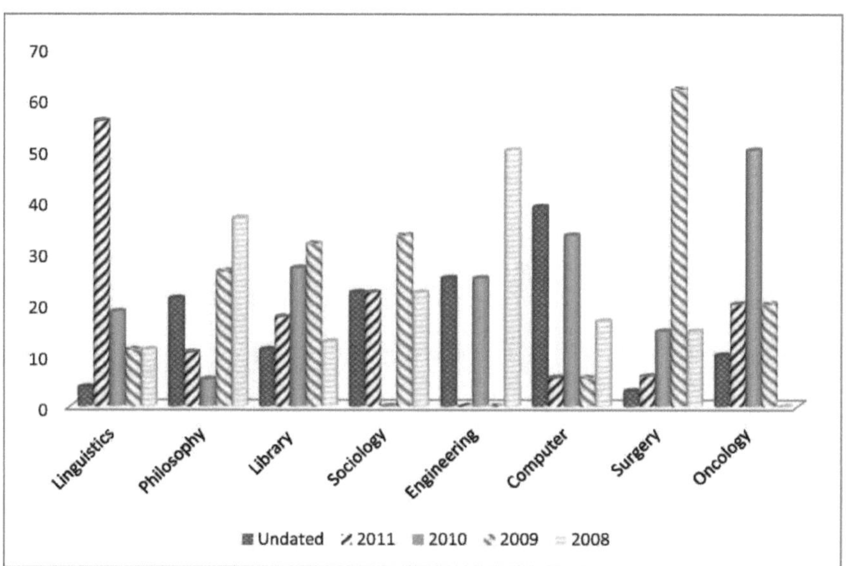

Figura 4-5- Distribuição percentual das citações formais a revistas de acesso aberto por ano no motor de busca Google

Em resposta à pergunta: "Quais são as características das citações formais baseadas na Web?" Quatro características das citações formais baseadas na Web do Google (ano de publicação, domínio da Internet, tipo de ficheiro eletrónico e língua das citações) são apresentadas nos quadros 4-5 a 4-8.

A tabela 4-5 e a figura 4-5 examinaram o ano das citações formais no motor de busca Google. Verificamos que 50% das citações na disciplina de engenharia urbana são relativas a 2008, o mesmo ano em que os artigos revistos foram publicados. Em cirurgia, 61,76% das citações pertencem a 2009. Ou seja, mais de metade das citações nesta disciplina foram feitas a apenas um ano de distância. Em informática, 33,33% das citações pertencem a 2010, o que significa que há apenas 2 anos de diferença. Mas em 2011, a disciplina de linguística, com 55,56%, atribuiu o maior número de citações. Na engenharia urbana, não há citações em 2011.

Figura 4-6- Distribuição da frequência de fontes formais no motor de busca Google para revistas de acesso aberto em termos de
domínio

Area	Discipline	ac		edu		org		com		other	
		Number	Percent	Number	Percent	Number	Percent	Number	Percent	Number	Percent
Human Sciences	Linguistics	1	3.7	3	11.11	1	3.7	13	48.15	9	33.33
	Philosophy	1	5.26	3	10.53	4	21.05	9	47.37	3	15.79
Social Sciences	Library	4	6.35	8	12.7	10	15.87	30	47.62	11	17.46
	Sociology	-	-	2	22.22	1	11.11	5	55.56	1	11.11
Engineering	Engineering	-	-	-	-	-	-	4	100	-	-
	Computer	1	5.56	5	27.78	3	16.67	6	33.33	3	16.67
Medicine	Surgery	-	-	-	-	-	-	34	100	-	-
	Oncology	2	20	-	-	2	20	2	20	4	40
Total		9	4.89	20	10.87	21	11.41	103	55.98	31	16.85

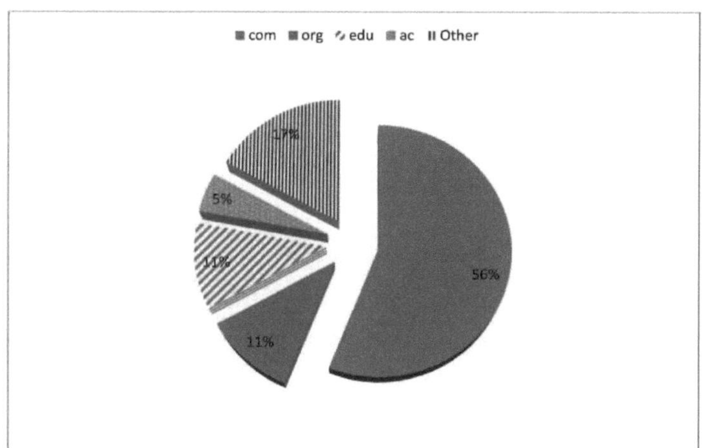

Figura 4-6 - Distribuição percentual das fontes formais para revistas de acesso aberto no motor de busca Google em termos de domínio da Internet

A tabela 4-6 e a figura 4-6 mostram a classificação do domínio Internet das fontes formais no motor de busca Google. O domínio de Internet das fontes formais baseadas na Web foi dividido em domínio de Internet universitário (edu, ac), instituições sem fins lucrativos (org), comercial (com) e outros domínios de Internet. No domínio edu, não há citações para as disciplinas de engenharia urbana, oncologia, cirurgia e a maior taxa de citação está relacionada com a informática, com 27,78%. Em geral, estes dois domínios de Internet (edu, ac) são considerados como representativos da universidade (que, naturalmente, como mencionado no capítulo 3, só existem estes dois domínios de Internet) e incluem 15,76%. Nas disciplinas de engenharia urbana e cirurgia no domínio Internet org, não foi recebida qualquer citação. Neste domínio da Internet, a filosofia, com 21,05%, teve o maior número de citações neste domínio da Internet. No entanto, no domínio Internet com, a engenharia urbana e a cirurgia, com uma cobertura de 100%, registaram o valor mais elevado, e a taxa mais baixa de citações diz respeito à oncologia, com 20%. De um modo geral, o domínio Internet com, com 55,98%, registou a taxa mais elevada de citações, seguindo-se o domínio Internet org e os domínios Internet universitários nas últimas posições. Naturalmente, entre os domínios de Internet académicos, o domínio de Internet edu recebeu quase o dobro das citações do domínio de Internet ac.

Tabela 4-7- Distribuição da frequência das citações formais de revistas de acesso aberto no motor de busca Google com base no tipo de ficheiro

Area	Discipline	PDF		DOC		HTML		PPT		PS	
		Number	Percent	Number	Percent	Number	Percent	Number	Percent	Number	Percent
Human Sciences	Linguistics	20	74.07	-	-	6	22.22	-	-	1	3.7
Human Sciences	Philosophy	10	52.63	-	-	9	47.37	-	-	-	-
Social Sciences	Library	48	76.19	3	4.76	10	15.87	1	1.59	1	1.59
Social Sciences	Sociology	7	77.78	-	-	2	22.22	-	-	-	-
Engineering	Engineering	1	25	1	25	2	50	-	-	-	-
Engineering	Computer	10	55.56	4	22.22	3	16.67	-	-	1	5.55
Medicine	Surgery	1	2.94	-	-	32	94.12	-	-	1	2.94
Medicine	Oncology	-	-	-	-	10	100	-	-	-	-
Total		97	52.72	8	4.35	74	40.22	1	0.54	4	2.17

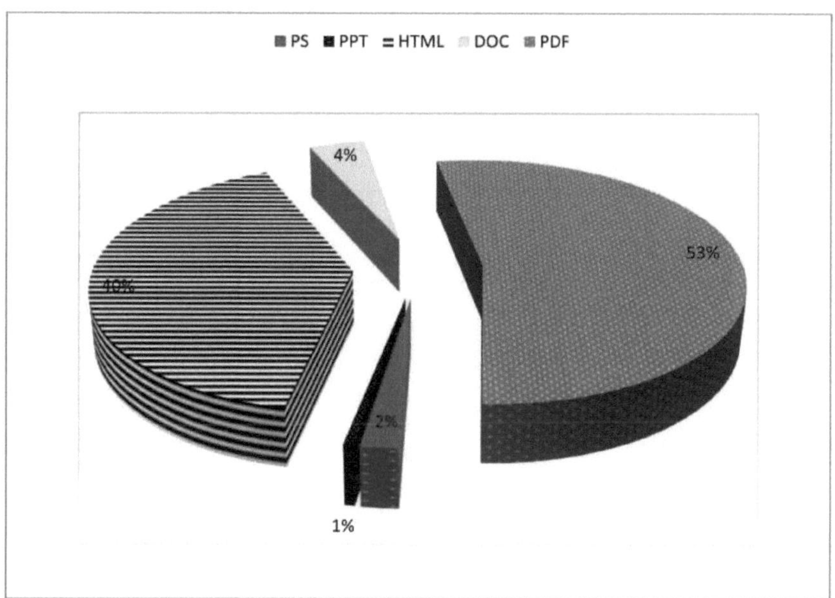

Figura 4-7- Distribuição percentual das citações formais de revistas de acesso aberto no motor de busca Google com base no tipo de ficheiro

Tal como referido no capítulo 3, a determinação da estrutura eletrónica dos ficheiros é muito importante nas comunicações científicas e nas redes de citações. A Tabela 4-7 e a Figura 4-7 mostram os ficheiros electrónicos de citações formais no motor de busca Google. Na Tabela 4-7, a estrutura dos ficheiros está dividida em cinco grupos.

Na tabela 4-7, o ficheiro PDF, com 52,72%, teve o maior número de citações em todas as disciplinas e áreas em estudo. Segue-se o ficheiro HTML com 40,22%. Os ficheiros Postscript e PowerPoint tiveram a taxa mais baixa de citações. Em sociologia, o ficheiro PDF com 77,78%, o ficheiro DOC com 22,22% em informática, o ficheiro HTML na disciplina de oncologia com 100% de citações, na disciplina de Biblioteconomia e Ciência da Informação, o ficheiro PowerPoint com 1,59% e o ficheiro postscript com 56,5% na disciplina de informática apresentaram a maior taxa de citações em qualquer disciplina.

Quadro 4-8 Distribuição da frequência de citações formais de revistas de acesso livre no motor de busca Google, por língua

Area	Discipline	English		Non-English (European languages)		Other	
		Number	Percent	Number	Percent	Number	Percent
Human Sciences	Linguistics	20	74.07	5	18.52	2	7.41
Human Sciences	Philosophy	18	94.74	1	5.26	-	-
Social Sciences	Library	51	82.26	9	14.52	2	3.23
Social Sciences	Sociology	7	77.78	2	22.22	-	-
Engineering	Engineering	4	100	-	-	-	-
Engineering	Computer	18	100	-	-	-	-
Medicine	Surgery	34	100	-	-	-	-
Medicine	Oncology	9	90	9	10	-	-
Total		161	97.87	18	9.84	4	2.19

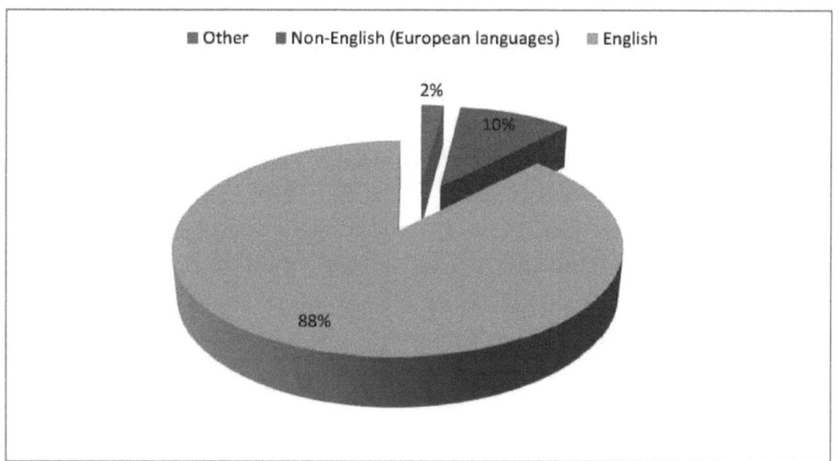

Figura 4-8- Distribuição percentual das citações formais de revistas de acesso aberto no motor de busca Google em função da língua

O que é evidente no quadro 4-8 é que a língua inglesa, com 97,87%, registou a taxa mais elevada de citações em todas as disciplinas. Seguem-se as línguas europeias não inglesas, com 9,84%. As outras línguas, com 2,19%, estão relacionadas com as línguas chinesa, indiana, persa e russa.

Para responder à quinta questão do estudo "Quais são as diferenças entre os padrões de citação baseados na web do Google para artigos de revistas de acesso aberto?" Os dados podem ser utilizados nas tabelas anteriores.

A análise dos quadros 4-1 a 4-8, que apresentam as características das citações na Web (tipos de citações, tipos de citações informais, tipos de recursos nas citações formais, ano das citações, domínio da Internet, tipo de ficheiro eletrónico e língua das citações) para cada disciplina, permite responder à pergunta de investigação.

A análise da tabela 4-2 (distribuição de frequências das citações formais e informais no motor de busca Google), em termos de diferença entre os vários domínios nos procedimentos e padrões de citação na Web, mostrou que a disciplina de biblioteconomia e ciência da informação tem a taxa mais elevada de entre os domínios em estudo nesta investigação e é mais de 12 vezes superior à disciplina de engenharia urbana, que tem a percentagem mais baixa de citações formais.

O estudo das citações informais em vários domínios mostrou que a disciplina de biblioteconomia e ciências da informação tem a taxa mais elevada e a engenharia urbana a taxa mais baixa de citações informais. As citações informais na disciplina de biblioteconomia e ciências da informação são cerca de 9 vezes superiores às citações informais na disciplina de engenharia urbana. Não se registaram diferenças significativas relativamente a "outros casos" (incluindo navegação geral, especializada e assim por diante) entre as diferentes áreas e mesmo disciplinas em estudo. A avaliação das diferentes disciplinas nas fontes filtradas indica que a taxa máxima filtrada (filosofia) é mais de três vezes a taxa mais baixa filtrada (informática). Entre a opção de fontes inacessíveis na Web, o estudo das diferentes disciplinas mostra que a taxa de inacessibilidade mais elevada (engenharia urbana) é mais de três vezes superior à taxa mais baixa (oncologia). A Tabela 4-2 mostra que existe uma diferença entre as várias disciplinas examinadas em termos de procedimentos e modelos do Google Web.

Analisando a tabela 4-3 (distribuição de frequências de citações informais no motor de busca Google), em termos de diferença entre várias disciplinas nos procedimentos e padrões de citação baseados na Web, verificou-se que, nos "ficheiros de apresentação", a cirurgia tem a taxa de citação mais elevada e a engenharia urbana não teve qualquer citação. Nas "Listas de leitura de cursos académicos", a taxa mais elevada foi a da engenharia urbana e da oncologia e a cirurgia teve a taxa mais baixa (sem qualquer citação). No grupo "mensagens enviadas para os grupos de discussão científica", a oncologia teve a taxa mais elevada e a engenharia urbana, sem citação, teve a taxa mais baixa. A Tabela 4-3 mostra também que existe uma diferença significativa entre as diferentes disciplinas estudadas nesta investigação em termos de procedimentos e modelos baseados na Web do Google.

A Tabela 4-4 (distribuição de frequências das fontes de citação formal no motor de busca Google em termos de tipo de fontes) em termos da diferença entre as diferentes disciplinas nos padrões de citação baseados na Web indica que a taxa mais elevada de citação de revistas é 18 vezes superior à taxa mais baixa de citação que foi atribuída à cirurgia e à filosofia, respetivamente. A taxa mais elevada de citações de teses está relacionada com a disciplina de linguística, que teve uma diferença significativa em relação à taxa mais baixa registada nas disciplinas de filosofia, sociologia, engenharia urbana, cirurgia e oncologia (não receberam qualquer citação). Na filosofia, quase metade das fontes de citação são dedicadas a livros, enquanto que na disciplina de engenharia urbana, não há qualquer citação ao livro. Nos artigos de conferências, a sociologia registou a taxa mais elevada de citações e a engenharia urbana, a cirurgia e a oncologia registaram o nível mais baixo. Num relatório de investigação, a sociologia teve a taxa mais elevada e a informática e a oncologia estão no nível mais baixo. A disciplina de informática nos índices da Web registou a taxa mais elevada e as disciplinas de linguística, biblioteconomia e ciências da informação, sociologia, engenharia urbana e cirurgia não receberam quaisquer citações formais nos índices da

Web. A taxa mais elevada de artigos citados em artigos electrónicos foi a da filosofia e a sociologia, a engenharia urbana, a informática e a cirurgia tiveram a taxa mais baixa. Os dados da tabela 4-4 mostram que cada uma das áreas examinadas neste estudo tem os seus próprios padrões de citação na Web.

A Tabela 4-5 (Frequency distribution of formal citations to open access journals in the Google search engine by year) mostra as diferenças entre as várias disciplinas em termos de padrões de citação na Web, revelando que metade das citações na disciplina de engenharia urbana pertencem a 2008, o mesmo ano em que os artigos em estudo são publicados. Na cirurgia, mais de metade das citações pertencem a 2009 (a diferença é de apenas um ano). Um terço das citações da disciplina de informática pertence a 2010. Mais de metade das citações relacionadas com a Linguística são de 2011 e, neste ano, não houve qualquer citação para a disciplina de engenharia urbana. Os dados da Tabela 4-5 mostram que, entre as diferentes disciplinas examinadas neste estudo, existem diferenças nos procedimentos e modelos baseados na Web do Google.

O estudo da tabela 4-6 (Distribuição de frequências das fontes formais no motor de busca Google para revistas de acesso aberto em termos de domínio), na perspetiva da diferença entre as várias disciplinas, mostra que as taxas de citação mais elevadas no domínio ac são dedicadas à disciplina de oncologia. No domínio edu, a informática registou a maior taxa de citações, e as disciplinas de engenharia urbana, cirurgia e oncologia não receberam qualquer citação. Não foram recebidas quaisquer citações nas disciplinas de engenharia urbana e cirurgia no domínio org, mas neste domínio, a filosofia teve a taxa mais elevada. Todas as citações nas disciplinas de engenharia urbana e cirurgia pertenciam ao domínio com, e a taxa mais baixa neste domínio é dedicada à disciplina de oncologia. A Tabela 4-6 mostra que foram observadas diferenças entre as várias disciplinas e que cada disciplina tem os seus próprios procedimentos e modelo.

O quadro 4-7 (distribuição de frequências das citações formais de revistas de acesso livre no motor de busca Google com base no tipo de ficheiro) mostra que existem diferenças significativas entre as várias disciplinas. De acordo com este quadro, mais de dois terços das citações em sociologia foram dedicadas a ficheiros PDF, os ficheiros DOC na disciplina de informática receberam as citações mais elevadas e todas as citações na disciplina de oncologia foram feitas sob a forma de ficheiros HTML. Os ficheiros Postscript e PowerPoint em 8 disciplinas em estudo não apresentaram uma taxa considerável. Os dados da Tabela 4-7 mostram que cada disciplina tem um padrão de citação diferente.

A tabela de estudo 4-8 (Distribuição da frequência de citações formais a revistas de acesso livre no motor de busca Google por língua), na perspetiva das diferenças entre as várias disciplinas em estudo, mostrou que todas as citações nas disciplinas de engenharia urbana, informática e cirurgia são dedicadas à língua inglesa. A disciplina de sociologia, entre as 8 disciplinas em estudo, recebeu a taxa mais elevada de citações em línguas europeias não inglesas, e a disciplina de linguística recebeu a taxa mais elevada de citações noutras línguas. O Quadro 4-8 mostra também que as diferentes disciplinas têm diferentes práticas e padrões baseados na Web.

Em geral, pode concluir-se que existem diferenças entre as várias disciplinas analisadas neste estudo em termos de procedimentos e padrões baseados na Web do Google e que os resultados de uma disciplina não podem ser generalizados a outras.

CAPÍTULO 5

Conclusão

Em resposta à pergunta de investigação "que percentagem das citações do Google na Web para revistas de acesso livre é dedicada a comunicações informais e formais? E o que é que está incluído?" Os dados mostraram que quase dois terços das fontes retiradas do motor de busca Google são dedicadas a algo diferente de citações (navegação geral e especializada, divulgação de informação científica pessoal ou institucional, etc.).

Na figura 4-2 do capítulo 4, pode observar-se a baixa taxa de citações (formais e informais). Naturalmente, o baixo número de citações formais e informais no motor de busca Google justifica-se porque, basicamente, este motor de busca não foi criado para rastrear citações, como as bases de dados de citações (incluindo Web of Science, Google Scoular e Scopus), e o seu principal objetivo é obter informações no ambiente Web. No entanto, o motor de busca Google cobre cerca de 10% das citações (formais e informais) na Web. Mas o estudo deste motor de busca é muito importante porque abrange citações informais (que fazem parte das citações reais), que sempre foram negligenciadas e ignoradas nas bases de dados de citações tradicionais. Foram efectuados vários estudos em ambiente Web para analisar as citações formais e informais, tendo todos eles admitido que as citações informais eram ignoradas pelas bases de dados tradicionais (Harter e Ford, 2000; Vaughan e Shaw, 2000; Kousha e Thelwall, 2006; Kousha e Thelwall, 2007; Kousha e Thelwall, 2010).

É de salientar que, à exceção do estudo de Harter e Ford (2000), que indicou uma taxa de citações de cerca de 8%, a taxa de citações formais e informais no motor de busca Google, na maioria dos estudos, foi indicada como sendo de cerca de 30%, o que difere dos resultados deste estudo. Uma das razões para esta alteração pode ser o aumento das fontes filtradas e inacessíveis neste estudo, que é de cerca de 11%, e talvez outra razão seja o aumento das fontes de navegação e a divulgação de dados pessoais e organizacionais, blogues e afins no ambiente Web que, neste estudo, abrange dois terços dos dados do motor de busca Google. De um modo geral, de acordo com os resultados deste estudo, o motor de busca Google não parece ser adequado para registar citações.

O estudo das citações informais mostrou que estas citações se dividem em três grupos principais: ficheiro de apresentação, listas de leitura de cursos académicos e mensagens enviadas para grupos de discussão científica. Um ponto importante nestes dados é o facto de o tipo de citação não ser rastreável nas bases de dados de citações tradicionais

(Web of Science e Scopus), o que só foi possível com base nas facilidades da Web.

O estudo do tipo de citações formais no motor de busca Google mostrou que quase metade das citações formais no motor de busca Google pertenciam a revistas. A citação formal mais baixa no motor de busca Google, com exceção das patentes que não receberam citações, pertence ao relatório de investigação. Os dados indicam que cada disciplina tem o seu próprio padrão de citação. Este facto também foi salientado por Kousha (Kousha, 2007 b); Kousha, 2009). Por conseguinte, os resultados relativos a uma disciplina não podem ser generalizados a todas as disciplinas.

Em resposta à pergunta "Quais são as características da citação formal do Google webbased para revistas de acesso aberto? " foram obtidos os seguintes resultados. O estudo do ano de publicação das citações formais obtidas nos motores de busca mostrou que metade das citações na disciplina de engenharia urbana pertence a 2008, o mesmo ano em que os artigos foram publicados. Por outro lado, na mesma disciplina, não há nenhuma citação que não esteja registada em 2011, o que pode indicar que a disciplina de engenharia urbana, em comparação com outras disciplinas investigadas, utiliza fontes mais actuais. Na disciplina de cirurgia, mais de metade das citações pertencem a 2009, ou seja, mais de metade das citações nesta disciplina são citadas apenas com um intervalo de um ano. Mas na linguística, mais de metade das citações foram atribuídas em 2011, o que permite deduzir que, na investigação desta disciplina, a atualização dos recursos será menos considerada. Os dados desta parte da investigação também indicam que, nas diferentes disciplinas, o padrão de citação utilizado em cada disciplina é diferente.

O estudo do domínio Internet das citações formais do Google mostrou que o domínio "com" representa mais de metade das citações. Segue-se o domínio "org" e os domínios académicos (edu, ac) cobrem apenas 15% das citações. Pode concluir-se que, embora pareça razoável que, na revisão da literatura científica, o domínio académico da Internet desempenhe um papel importante, os domínios empresariais e públicos têm desempenhado um papel mais importante.

O estudo do tipo de estrutura eletrónica do ficheiro mostrou que o ficheiro PDF abrange mais de metade das citações e tem a taxa mais elevada em todas as disciplinas e domínios em estudo. Esta conclusão, de acordo com os resultados da investigação levada a cabo por Saberi e Esfandiari Moghadam (2007), indica que o ficheiro PDF é o tipo de ficheiro da Internet mais acessível e mais estável, o que parece lógico. Pode concluir-se que este tipo de ficheiro é muito importante nas comunicações científicas e na rede de citações no ambiente Web. Naturalmente, o ficheiro HTML, com 40% de citações, manteve o seu papel nas comunicações científicas e nas redes de citações. Os outros tipos de ficheiros examinados na comunicação académica oficial do ambiente Web revelaram um papel pouco importante.

O estudo da língua das citações mostrou que a língua inglesa, com mais de 97% de citações, registou a taxa mais elevada entre todas as disciplinas e áreas em estudo. Seguem-se as línguas não inglesas (línguas europeias) e, depois, outras línguas (chinês, indiano, persa e russo).

Em resposta à pergunta "Quais são as diferenças entre as várias disciplinas nos padrões de citação na Web do Google para revistas de acesso aberto?" Os resultados mostraram que a disciplina de biblioteconomia e ciências da informação registou a taxa mais elevada de citações formais e a disciplina de engenharia urbana registou a taxa mais baixa de citações formais entre as disciplinas estudadas nesta investigação; a taxa de citações formais na disciplina de biblioteconomia e ciências da informação é mais de 12 vezes superior à da disciplina de engenharia urbana. O estudo das citações informais em diferentes disciplinas mostrou que a disciplina de biblioteconomia e ciência da informação tinha a taxa mais elevada de citações informais e a engenharia urbana tinha a taxa mais baixa. As citações informais na disciplina de biblioteconomia e ciências da informação são cerca de 9 vezes superiores às citações informais na disciplina de engenharia urbana. Isto implica que os investigadores da disciplina de biblioteconomia e ciências da informação prestaram mais atenção às citações (formais e informais) do que outras disciplinas, especialmente a engenharia urbana. Entre as "outras opções" (que incluem navegação geral, especializada e afins) não se observou uma diferença significativa entre as diferentes disciplinas e mesmo entre as diferentes áreas em estudo. Mas o estudo das diferentes disciplinas sobre as fontes filtradas mostrou que a disciplina de filosofia tinha a maior quantidade de fontes filtradas, e a disciplina de informática tinha o nível mais baixo de fontes filtradas. Isto pode indicar que os investigadores da disciplina de informática têm mais informação do que os das outras disciplinas sobre a forma como os recursos devem ser colocados no ambiente Web, para que sejam menos filtrados. O estudo de diferentes disciplinas sobre "fontes inacessíveis" na Web mostrou que a disciplina de engenharia urbana tinha a taxa mais elevada e a de oncologia a mais baixa.

Os resultados do estudo sobre o tipo de citações informais obtidas a partir do motor de busca Google mostraram que, no "ficheiro de apresentação", a disciplina de cirurgia teve a taxa mais elevada e a disciplina de engenharia urbana, sem qualquer citação, teve a taxa mais baixa. Isto pode indicar que, entre as diferentes disciplinas, os investigadores de cirurgia estão mais interessados em apresentar os seus conteúdos na

Web. No grupo das "Listas de leitura de cursos académicos", a disciplina de engenharia urbana teve a taxa mais elevada e as disciplinas de oncologia e cirurgia tiveram a taxa mais baixa

(sem citação). Isto sugere que os professores de engenharia urbana, em comparação com outras disciplinas analisadas neste estudo, estão mais interessados em disponibilizar listas de leitura de cursos académicos na Web. No grupo "mensagens enviadas para os grupos de discussão científica", a oncologia teve a taxa mais elevada e a engenharia urbana teve a taxa mais baixa (sem citações). Pode entender-se que os investigadores da área da oncologia têm mais grupos de discussão científica do que os de outras disciplinas, e também têm mais participação nesses grupos.

Os resultados das fontes de citação formais do Google, em termos de tipo de fontes, mostraram que a taxa mais elevada de citações de revistas (cirurgia) é aproximadamente 18 vezes inferior à taxa de citações de revistas (filosofia). Isto indica que os investigadores em filosofia prestaram menos atenção às revistas do que outras disciplinas. A maior taxa de citações a teses está relacionada com a disciplina de linguística, o que é diferente da menor taxa (relacionada com as disciplinas de filosofia, sociologia, engenharia urbana, cirurgia e oncologia, com nenhuma citação). Na disciplina de filosofia, quase metade das fontes de citação pertencem a livros, enquanto que na disciplina de engenharia urbana, o livro não tem qualquer citação. Nos artigos da conferência, a disciplina de sociologia teve a taxa mais elevada de citações e a engenharia urbana, a cirurgia e a oncologia estão no nível mais baixo. Este facto pode indicar que os investigadores de sociologia prestaram mais atenção aos seminários e conferências do que as outras disciplinas. Nos relatórios de investigação, a sociologia teve a taxa de citação mais elevada e o nível mais baixo foi registado na disciplina de informática e oncologia. Nos índices da Web, a disciplina de informática registou a maior taxa de citação e as disciplinas de linguística, biblioteconomia e ciências da informação, sociologia, engenharia urbana e cirurgia não receberam qualquer índice baseado na Web. A disciplina de filosofia teve a maior taxa de citação de artigos electrónicos, e a menor taxa está relacionada com as disciplinas de sociologia, engenharia urbana, informática e cirurgia.

A diferença entre as diversas disciplinas nos padrões de citação na web em termos de ano de citação mostrou que metade das citações na disciplina de engenharia urbana pertence a 2008, mesmo ano em que os artigos estudados foram publicados. Por outro lado, em 2011, a disciplina não recebeu quaisquer citações. Isto implica que os investigadores têm prestado atenção à atualização das fontes.

Na disciplina de cirurgia, mais de metade das citações pertencem a 2009. Um terço das citações em 2010 são dedicadas à disciplina de informática. Mais de metade das citações na disciplina de linguística pertencem a 2011, o que indica que os investigadores não prestam atenção à atualização das fontes.

Os resultados do estudo sobre o domínio Internet das fontes formais no motor de busca Google em termos da diferença entre as várias disciplinas mostraram que as taxas de citação mais elevadas no domínio "ac" são dedicadas à disciplina de oncologia. No domínio "edu", a disciplina de informática tem as citações mais elevadas e as disciplinas de engenharia urbana, oncologia e cirurgia têm a taxa mais baixa e não há qualquer citação. Nas disciplinas de engenharia urbana e cirurgia, o domínio "org" não recebeu qualquer citação, mas no mesmo domínio, a filosofia teve a taxa mais elevada de citações. Todas as citações nas disciplinas de engenharia urbana e cirurgia pertencem ao domínio "com", e as taxas de citação mais baixas neste domínio são dedicadas à disciplina de oncologia. O que indica que as diferentes disciplinas têm os seus próprios padrões e procedimentos.

Os resultados do estudo sobre as citações formais do motor de busca Google com base no tipo de ficheiro, na perspetiva das disciplinas em estudo, mostraram que mais de dois terços das citações de sociologia são dedicadas a um ficheiro PDF, na disciplina de informática, o ficheiro DOC recebeu as citações mais elevadas, e as citações na disciplina de oncologia são sob a forma de ficheiro HTML. Os ficheiros PostScript e PowerPoint em 8 disciplinas em estudo não apresentaram uma percentagem significativa.

Os resultados do estudo sobre a distribuição da frequência das citações formais no motor de busca Google em termos de língua, na perspetiva de várias disciplinas, indicaram que todas as citações nas disciplinas de engenharia urbana, informática e cirurgia são dedicadas à língua inglesa. A disciplina de sociologia, entre as 8 disciplinas em estudo, foi a que recebeu mais citações em línguas não inglesas (línguas europeias) e a linguística foi a que recebeu mais citações noutras línguas.

Resumindo os resultados, pode compreender-se que as diferentes disciplinas têm os seus próprios padrões e procedimentos e que os resultados de uma disciplina não podem ser generalizados a outras disciplinas. Mesmo nas disciplinas, ambas pertencentes a uma área temática, existem diferentes padrões de citação. Este facto é mais evidente nas disciplinas de humanidades e ciências sociais.

Lista de referências

Asareh, F.(1998) "Citation analysis" **FASLNAMEH-YE KETAB**. Vole 9,No 3. PP: 34-48(em persa).

Asnafi,Amir(2010)" From citation to stinginess in citations" **ATF** [em linha]. Disponível: http://www2.atfmag.info/1389/11/06/making-referenc/ [18 de maio de 2010]. (em persa)

Cardona, M., W. Marx. 2009. The citation impact outside references-formal versus informal citations. **Scientometrics** 80 (1): 1-12[on-line]. Disponível: http://www.akademiai.com/content/rh24254622225172/ (acedido em 4 de julho de 2012).

Davarpanah, Mohamad Reza (2005)". The place of citation in scientific activities" **FASLNAMEH-YE KETAB**. Vole 16, No 3. PP: 87-96(em persa).

Davarpanah, Mohammad Reza (2008) "Scientific information seeking in printed and electronic resources ....." 2th Edition. Teerão: Dabizesh: Chapar. PP: 16-19 (em Persa).

Doaj (2017) Sobre o Doaj. [em linha]. Disponível: https://doaj.org/about [5 maio 2017].

Garfield, E. (1996)" Pode a indexação de citações ser automatizada?" **National Bureau of Publicação diversa de normas**, Vol.269, No.114. PP: 189-192. [on-line].Disponível: http://www.garfield.library. upenn. edu/essays/V1p084y1962-73.pdf. [8 de maio de 2011].

Google (2011) [em linha]. Disponível:

Wiki:https://fa.wikipedia.org/wiki/%DA%AF%D9%88%DA%AF%D9%84[5 de maio de 2011] (em persa).

Harnard, S. (1999)" Free at Last: The Future ofPeer-Reviewed Journals", **D-Lib Revista**. Vol. 5 No.12. [on-line]. Disponível: http://www.dlib.org/dlib/december99/12harnad.html [13 de maio de 2011].

Harter, S.; Ford, C. (2000) "Web-Based Analysis ofE-Journal Impact: Approaches, Problems, and Issues". **Journal of the American Society for Information Science**. Vol.51,No.13.pp: 1159-1176.

Horri, Abbsa (2002). The conduct of scientific witting" Teerão: Secretariado do Conselho das Bibliotecas Públicas. P:97. (em persa)

Introdução ao motor de busca Google (2010)[em linha]. Disponível: http://vista.ir/article/281235 [5 de maio de 2010] (em persa).

Kousha , keyvan. (2007a)" Comparação qualitativa e quantitativa entre o ISI e as citações baseadas na Web de artigos de revistas científicas e sociais: Use webometrics in study of formal and informal scientific communication" (Tese de doutoramento, Universidade de Teerão, 2007) (em persa).

Kousha , keyvan. (2007b) "Intercitation overlap in ISI and Google Scholar: a comparative study in four disciplines" **FASLNAMEH-YE KETAB**. Vole 18, No 3. PP: 213-234 (em persa).

Kousha , keyvan. (2009) "A Study on the Motivations for Web Citations of Articles in Four Areas ofScience" **FASLNAMEH-YE KETAB**. Vole 19, No 4. PP: 53-72.(em persa).

Koush , K. e Thelwall, M. (2006)" Motivations for URL citations to open access library and information science articles". **Scientometrics** Volume 68, Número 3, pp: 501-517, DOI: 10.1007/s11192-006-0126-9 [14 de maio de 2011].

Kousha, K., & Thelwall, M. (2007a) "Google Scholar citations and Google Web/URL citations: A multi-discipline exploratory analysis" **Journal of the American Society for Information Science and Technology**, 58(7), pp: 1055-1065. doi:10.1002/asi.20584 [19 de maio de 2011].

Kousha, K. & Thelwall, M. (2007b) "The web impact of open access social science research" [O impacto na Web da investigação em ciências sociais de acesso livre]. **Library and Information Science Research**, 29(4), pp: 495-507

Kousha, K., Thelwall, M. & Rezaie, S. (2010) "Using the web for research evaluation: The Integrated Online Impact indicator", **Journal of Informetrics**, 4(1), pp: 124-135.

Modir Amani, Parvaneh. (2002)" Citation" in **Encyclopedia of Library and Information Science**. Teerão: Biblioteca e Arquivo Nacional do Irão. Vol.1, PP:176-180.(em persa).

Neshat, N. (2011) "The pursuit of meaning: semiotic approach in information science" Teerão: NasherKetabdar. PP: 155-171 .(em persa).

Nicolaisen J. (2003) "The Social Act of Citing: Towards New Horizind in Citation Theory". A ser publicado nas Actas da 66ª Reunião Anual da ASIS (Long Beach, C.A.).

19-22 de outubro de 2003) [em linha]. Disponível: http://onlinelibrary.wiley.com/doi/10.1002/meet.1450400102/full. DOI: 10.1002/meet.145040010 [3 de maio de 2011].

Norouzi, Ali Reza (2006 b) "Open Access Journals and Their Roles in Dissemination of Scientific Information in Iran" **Rahyaft Journal**. No.38, PP:15-21 (em persa).

Reyes H.(2001)" The references in articles published in biomedical journals" **Revista medica de Chile** 129(4).343-345 (Abstract) [on-line]. Disponível: http://www.scielo.cl/scielo.php?pid=S0034-98872001000400001&script=sci arttext&tlng=en
DOI: 10.4067/S0034-98872001000400001[18 de maio de 2011].

Saberi, Mohamad K. e Esfandiry Moghadam, Ali Reza (2007) "Accessible and Inaccessible ofInternet citation, cited in open access journals indexed in ISI: a case study" **Psychology and Education Journal**. Vol. 37 . No.3 . PP:163-187 (em persa)

Sparc (2017) "OpenAccess". [on-line]. Disponível: http://www.sparc.arl.org/sites/default/files/presentation files/OpenAccess.pdf. [5 de maio de 2017].

Suber, Peter . A Very BriefIntroduction to Open Access. [on-line]. Disponível: http://legacy.earlham.edu/~peters/fos/brief.htm [5 de maio de 2017].

Thelwall, Michael Arijan (2011)" Introduction to webometrics : quantitative web research for the social sciences"(M. Jamali Mahmomi, Trans). Teerão: Chapar (trabalho original publicado em 2009).

Taheri ,Masuod (2010): Google history [on-line]. Disponível: http://www.chitasoft.com/articles.php [15 de maio de 2010] (em persa).

Tenopir, C. ; King, D. (2000) Towards electronic Journals - realities for scientists, librarians and publishers. Washington D. C.: Associação de Bibliotecas Especiais.

O motor de busca mais utilizado Google (2010) [em linha]. Disponível:

http://kalagar.ir/?p=449 [19 de maio de 2011].(em persa)

Vaughan, L. (2004) "New measurements for search engine evaluation proposed and tested". **Information Processing & Management**,40(4), pp: 677-691.

Vaughan, L.; Shaw, D. (2000) "Web citation data for impact assessment: a comparison of four science disciplines". **Journal of the American Society for Information Science and Technology**, Vol.56, No.10, pp: 1075- 1087.

Vaughan, L. ; Shaw, D. (2003) "Bibliographic and Web citations: What is the difference?" **Journal of the American Society for Information Science and Technology**, 54(14),pp: 1313-1322. doi:10.1002/asi.10338 [23Dec.2011].

Vaghan, L.; Shaw, D. (2005)" Web citation data for impact assessment: A comparison of four science disciplines". **Journal of the American Society for Information Science and Technology** Volume 56, Issue 10, pp: 1075-1087, DOI: 10.1002/asi.2019933 [4 de junho de 2011]

Willinsky, J. (2005) The Access Principle: The Case for Open Access to Research and Scholarship, MIT Press, Cambridge, Massachusetts. EUA.

História do Yahoo e do Google [em linha]. Disponível: http://curiousgirl.blogfa.com/post- 1.aspx [5 de maio de 2010] (em persa).

Printed by Books on Demand GmbH, Norderstedt / Germany